The Study of Capability
Evaluation of Enterprise
Information System in MIE Environment

MIE环境下企业信息系统系统能力评价研究

石 娟◎著

科学出版社
北 京

内 容 简 介

信息化和信息系统是企业降低成本、提高竞争力的"利器"。然而，制造业信息化工程（MIE）及云计算信息技术的快速发展，一方面完善发展了企业信息系统，给企业信息化带来了机遇；另一方面，对企业信息系统处理大量数据的准确性及完全性提出了新的挑战，需要对当代企业信息系统信息能力进行再评价。本书以企业核心能力理论、动态能力理论为支持，从信息系统处理信息的全过程角度出发，利用理论和实践相结合的研究方法，对企业信息系统的信息能力进行定性和定量评价。

本书适用于企业管理、企业信息系统建设和管理从业人员、从事企业信息系统研究的学者以及计算机科学、信息管理与信息系统专业的学生。

图书在版编目（CIP）数据

MIE 环境下企业信息系统能力评价研究 / 石娟著. —北京：科学出版社，2015.2
ISBN 978-7-03-043421-0

I. ①M… II. ①石… III. ①企业管理–管理信息系统–研究 IV. ①F270.7

中国版本图书馆 CIP 数据核字（2015）第 088983 号

责任编辑：张　达 / 责任校对：彭珍珍
责任印制：徐晓晨 / 封面设计：铭轩堂

科 学 出 版 社 出版
北京东黄城根北街 16 号
邮政编码：100717
http://www.sciencep.com

北京厚诚则铭印刷科技有限公司 印刷
科学出版社发行　各地新华书店经销

*

2015年3月第 一 版　　开本：720×1000 1/16
2016年2月第二次印刷　　印张：9
字数：180 000

定价：**78.00** 元

（如有印装质量问题，我社负责调换）

前　言

在制造业信息化工程(MIE)及网络化时代大背景下，信息系统的完善发展是企业现代化的重要标志。党的十八大报告中指出："建设下一代信息基础设施，发展现代信息技术产业体系，健全信息安全保障体系，推进信息网络技术广泛运用。提高大中型企业核心竞争力，支持小微企业特别是科技型小微企业发展。"从报告中可以看出，企业要想持续提升竞争力，保持竞争优势，对信息系统能力的分析和研究是至关重要的。为此，本书以企业信息系统能力评价作为主要研究内容，旨在对企业竞争力进一步提升，为发挥信息系统能力提供量化依据，并对企业管理状况和理念的创新提供参考。

在制造业信息化工程发展背景下，评价一个企业的信息系统不仅要看其信息能力，还要看其效能水平，因此本书以企业核心能力理论及动态能力理论为支持，从信息系统处理信息的全过程角度出发，利用理论和实践相结合的研究方法，对企业信息系统的信息能力进行定性和定量评价，在理论上具有一定的创新性。本书首先建立了一个基于企业获取信息时的信息的完全性、正确性、时效性的三维评价模型，构建评价指标体系，并采用数学方法和模糊理论分别对信息能力和效能水平进行定量评价，找出信息系统在企业管理中的作用及对企业竞争力提升的能力体现；其次对实施信息化工程效果较好的大型制造类企业进行调研，从企业 K 集团和 H 集团那里采集了大量数据，对本成果所建立的信息系统信息能力评价模型进行了实例分析与验证。

希望本书的出版，能为制造业信息化工程环境下企业信息系统能力评价提供理论依据，为企业进行信息系统的技术改进提供量化参考，对企业进一步有效利用信息系统实现信息化战略及提高企业的市场适应能力和综合竞争能力提供指导和帮助。

由于作者自身水平有限，书中难免存在一些不足之处，殷切希望广大读者给予批评和指正，以便改进和提高。

作　者

2014 年 12 月 31 日于天津

目　　录

第 1 章

绪　　论

本章在制造业信息化工程及网络化时代大背景下,分析出企业信息优势的体现和持续竞争力的提升离不开信息系统的支持,提出了信息系统能力评价问题研究的重要性和实际意义,阐述了本书研究的主要目的、主要方法、主要内容和研究思路,指出了本书研究的创新点。

1.1　问题的提出

21 世纪是信息时代,信息革命在影响社会和经济的同时,也使企业的生产经营环境发生了深刻的变化。譬如:电子商务正深刻地影响企业间的交易方式,推进着企业供应链从企业内部资源优化利用向供应商—企业—客户整体资源整合、集成与优化利用方向转化;办公自动化(Office Automation,OA)、制造资源计划(Manufacturing Resources Planning,MRPⅡ)、企业资源计划(Enterprise Resource Planning,ERP)、计算机集成制造系统(Computer Integrated Manufacturing Systems,CIMS)、并行工程、敏捷制造及企业动态联盟等先进制造技术和哲理的相继出现与应用,正深刻影响着企业内部的管理方式和运行模式;基于网络的设计技术、虚拟制造技术、并行设计技术、计算机辅助技术(Computer Aided Technologies,CAT)、DFX 面向"X"的设计等各种先进的设计与制造技术,正影响着企业的设计和生产方式与过程。因此,处于"信息化浪潮"社会大环境中的企业,实施信息化工程也就具有特别重要的意义和紧迫感。

信息化本身是一个动态的发展概念,本书认为,企业信息化的实质与含义至少包括如下几个方面：从目的来看，企业信息化最终是为了提高企业竞争力，增加企业经济效益，特别是对我国企业而言，企业信息化还是实现传统企业现代化的有力武器；从技术手段来看，企业信息化是以计算机技术、网络技术和数据库技术等信息技术为基础；从内容来看，企业信息化工程全面地覆盖企业产、供、销、人、财、物、技术、质量等生产经营的各个环节和各个方面；从企业信息化本身要求来看，应该充分体现"以人为本"、精益生产、供应链管理等先进制造技术思想与哲理，并必须进行业务流程重组；从实施过程来看，由于企业是不断发展的，其管理水平也是螺旋上升的，因此企业信息化工程应是一个根据企业发展需要而不断完善的动态过程。从实施的载体来看，企业信息化将信息与知识看成战略性资源，并通过对其开发与利用，从而实现企业生产过程的自动化与智能化、管理与决策的网络化与智能化，以及企业商务活动的电子化[1~3]。

企业信息化的实质就是要在企业生产管理各环节采用信息技术，深度开发利用信息资源，以达到提高企业竞争力和经济效益的目的。21 世纪是经济全球化时代，越来越多的企业被卷入世界范围的分工合作体系中。企业面临的不仅是一个潜力无限的全球市场，同时也是竞争更为残酷的市场，企业要生存就必须拥有及时响应和快速传递信息的能力。在巨大的需求推动下，企业中各种信息技术的应用层出不穷，从企业基层数据的处理到企业供需链上的合作、中高层的管理决策等活动都越来越依赖于各种各样地信息系统来支撑[4,5]。

企业信息化在我国也得到了高度重视和认可。"电子信息技术是国民经济的倍增器"；"四个现代化，哪一化也离不开信息化"[6]。我国也已经制定了 2010 年制造业信息化的时间表，并要求"在制造业采用信息化技术，加快不同层次、各具特色的信息化建设，使制造业企业的经济效益、技术创新能力、市场竞争能力和抗御风险能力得到显著提高，从而提高我国制造业的整体实力[7]"。党的十八大报告中指出："建设下一代信息基础设施，发展现代信息技术产业体系，健全信息安全保障体系，推进信息网络技术广泛运用。提高大中型企业核心竞争力，支持小微企业特别是科技型小微企业发展。"因此，近年来，越来越多的企业加入到企业信息化的行列，以求使现代企业的经营管理有一个新的飞跃，使企业在竞争中获得优势地位。制造业信息化工程（Manufacturing Informatization Engineering，MIE）是我国政府部门（科学技术部）于"十五"期间，在整合 CAD 工程和 863/CIMS 工程经验的基础上提出的"实施制造业信息化关键技术研究与应用示范工程"的简称[8]。制造业信息化工程是以信息技术为载体，将先进管理思想融入制造企业具体实践中的系统活动。随着信息技术发展和管理思想的演进，制造业信息化工程将不断进入集成度更高、应用领域更广、应用层次更深、应用实效更高的程度。

在 MIE 环境下，企业信息系统的完善与发展，越来越受到人们的普遍关注，它是企业现代化的重要标志，是企业发展的一条必由之路，其在管理现代化中起着举足轻重的作用，它不仅是实现管理现代化的有效途径，同时也促进了企业管理走向现代化的进程。那么，企业信息系统有哪些能力促进企业提升竞争力，促进企业管理走向现代化，是一个值得深入研究的问题。

因此，在 MIE 环境下，对企业信息系统的能力进行研究和定量分析，对于企业进一步有效的利用信息系统实现信息化战略，提高企业的市场适应能力和综合竞争能力具有重要意义。

1.2　研究目的与研究意义

信息化是知识经济时代企业经营运作的重要特征和标志。依靠信息技术实现我国工业化进程的快速发展，是当前我国经济发展的重要战略决策。目前有关信息化课题的研究工作在我国学术界和企业界方兴未艾。

企业信息化的目的是提高企业管理效益及竞争力。因为企业效益模式的核心是质量与速度，实现取得市场的信息快、决策快、产品开发快、生产快、结算快、上市快、市场信息反馈快，最大限度地降低个性化设计和生产成本。信息化可以更大规模地提高效率、减少浪费、降低消耗、节约成本，企业信息化不是信息产品的摆设，应是投入与效益产出的体现。

大力推进我国制造企业信息化建设，是贯彻"以信息化带动工业化"战略的核心，是"以信息化带动工业化和整个经济现代化"的具体体现。因为制造业企业是我国工业化的主体，也是信息化的主体。特别是面对日益激烈的国内和国际市场竞争，加快企业信息化建设是提高企业核心竞争力的关键。

当前企业信息系统已经发展得十分成熟，在制造企业中发挥着至关重要的作用。

同时信息系统和先进的管理思想、先进的制造手段结合在一起，互相影响、互相促进，推动了制造业不断进步和变革。为此作者提出信息系统在制造企业管理中通过哪些能力促进、影响、推动了企业竞争力的持续提升，推动了企业管理的变革。这个问题的提出，不仅具有一定的前沿性和创新性，而且由于结合我国企业的实际情况，具有良好的适用性和实用性等特点。

1.3　研究的主要方法

在企业核心能力理论及动态能力理论的支持下，通过对实施信息化工程效果较好的大型制造类企业进行调研，找出信息系统在企业管理中的作用及对企业竞争力提升的能力体现，采用定性分析与定量分析相结合的方法开展研究。从信息系统的概念出发，从信息系统处理信息的全过程角度，对企业信息系统能力进行研究，提出信息系统的信息能力和效能水平的定义，建立评价模型，构建评价指标体系，并采用数学方法和模糊理论分别对信息能力和效能水平进行定量评价，为企业竞争优势的进一步提升及管理理念的创新提供量化依据。最后本书对调研企业的情况和采集的数据进行了实例分析与验证。

1.4　主要内容与研究思路

本书运用管理学理论、核心能力理论、动态能力理论等理论定性分析研究了企业信息系统能力及信息系统能力与企业持续竞争优势的关系，并结合数学方法、综合评价理论，从信息系统处理信息的全过程角度，定量分析了信息系统能力，为企业进一步提升竞争力提供量化参考。贯穿本书的主要思想是：在制造业信息化工程(MIE)环境下，对信息化实施较成功企业所使用的信息系统，能够提升企业竞争优势的能力进行分析；从信息系统采集、处理、输出信息的全过程，提出信息系统的信息能力和效能水平，并建立数学模型对其进行量化分析。旨在对企业竞争力进一步提升，发挥信息系统能力提供量化依据，并对企业信息系统技术改进、企业管理状况和理念的创新提供参考。

本书从理论和应用两个角度深刻揭示了企业信息系统能力，探讨了企业信息系统能力与企业竞争优势的关系，并从信息系统处理信息的全过程角度，从两个方面提出了企业信息系统的信息能力和效能水平的定义，并建立了数学模型，对其进行了定量分析。希望通过对企业信息系统能力评价进行深入研究，解决以下问题：

(1)在 MIE 环境下，随着信息化、网络化和企业进一步发展，探讨信息系统能力对企业持续竞争优势的提升所起到的作用，以及具体应用情况，找出信息系统能力评价的基本点。

(2)从信息系统的概念出发，研究信息系统处理信息的全过程，提出信息系统的信息能力和效能水平的定义，建立评价模型，进行定性与定量相结合的评价研究。

(3)通过建立基于信息系统应变能力的信息系统信息能力三维评价模型，构建信息能力评价指标体系，应用数学方法定量分析，考察信息系统感知企业内外部环境的应变能力。

(4)通过模糊综合评价方法从信息系统处理信息的过程对效能水平进行评价研究，构建评价指标体系，并利用模糊层次分析法(Analytic Hierarchy Process，AHP)确定各评价指标权重，建立评价模型进行定量分析，判断信息系统效能水平，对信息系统技术改善及企业管理理念的创新提供量化依据。

内容结构如图 1-1 所示。

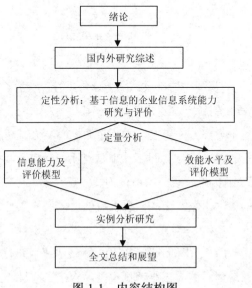

图 1-1　内容结构图

具体研究思路如图 1-2 所示。

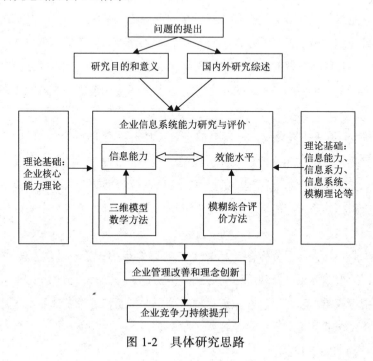

图 1-2　具体研究思路

1.5　主要创新点

本书的创新性研究主要围绕信息系统能力评价进行，建立了信息系统能力评价模型，并进行了定量分析。创新点主要描述如下：

(1) 从企业持续竞争力提升的角度，利用企业核心能力、动态能力理论等管理理论，在 MIE 和网络时代大环境下，探讨了企业信息系统能力及其提升企业竞争力的具体应用情况，找到了企业信息系统能力评价的基本点。

(2) 从信息系统的概念出发，围绕信息系统处理信息的全过程，提出了信息系统的信息能力和效能水平的定义，构建了评价模型，并对其进行了定性与定量相结合的评价，为企业持续竞争力的提升和信息系统的技术改进提供量化依据。

(3) 建立了信息系统信息能力三维评价模型，构建了信息能力评价指标体系，并利用数学方法进行评价，形成了量化表达，反映出企业信息系统对市场及错综变化环境的应变能力。

(4)用模糊综合评价法对信息系统效能水平评价模型进行了定性与定量相结合的评价，从信息处理的具体环节上进行分析，构建了评价指标体系，并采用模糊 AHP 法确定各评价指标权重，定量地评价信息系统效能水平，为企业信息系统技术改进、管理理念创新和管理方法改进提供量化依据。

1.6　本 章 小 结

本章在制造业信息化工程及网络化时代大背景下，探讨了信息化的实质，指出信息系统的完善发展是企业现代化的重要标志。企业竞争优势的体现及持续竞争力的提升在信息化时代离不开信息系统的支持。

因此，企业要想在信息化时代立于不败之地，持续提升企业竞争力，保持竞争优势，对信息系统能力的分析和研究是至关重要的。由此引出本书的研究方向和主要内容。

第 2 章

国内外相关研究综述

本章主要对信息系统、信息系统能力、信息系统能力评价等与本书研究内容相关的基本概念、基本理论和基本方法，在查阅国内外大量文献的基础上进行了综述，进一步明确了研究价值与方向；同时对所研究问题已有研究理论的分析与掌握也为论文研究工作的开展提供了重要的理论和方法支持。

2.1　企业信息化概论

企业进行信息化建设的目的是"增强企业的核心竞争力"。企业不仅在内部形成网络，做到信息共享，使企业组织整体高效运营，还与外部网络沟通，形成互联网络。信息技术、信息系统和信息作为一种资源已不再仅支撑企业战略，还有助于决定企业战略，信息战略成为企业战略不可分割的一部分；企业竞争力不再仅限于成本、差异性和目标集聚三种形式，企业信息化形成的信息能力已逐渐成为企业核心竞争力的组成要素，企业信息化成为企业可持续发展的必然选择。

2.1.1　企业信息化的内容

企业信息化的主要内容包括生产过程信息化、流通过程信息化、管理信息化、组织结构信息化和生产要素信息化。

1. 管理信息化

管理信息化的内容包括管理手段信息化和管理内容信息化两个方面。

(1)管理手段信息化是指运用信息技术和计算机,构建管理信息系统(Management Information System,MIS)来发挥管理各项职能(管理学家孔茨的观点:管理包括计划、组织、指挥、协调和控制五项职能)。1985 年,管理信息系统的创始人、明尼苏达大学卡尔森管理学院格尔登教授提出了较为完整的管理信息系统的定义:"它是一个利用计算机硬件、软件和手工作业,进行分析、计划、控制和决策的模型,以数据为基础的用户-机器系统,它能提供信息,以支持企业或组织的运行、管理和决策功能。"

(2)管理内容信息化即管理的重点放在以信息资源为核心的管理上。在"信息爆炸"的时代,没有经过分类整理并有效组织的信息,没有任何价值。以计算机为基础的管理信息系统的任务就是把零碎、杂乱、不系统的信息,通过计算机系统进行采集、存储、处理、传输和优化,使之变为企业的巨大财富,并把它通过给企业的各级管理者,从而实现对企业的有效管理。总之,企业管理信息化就是利用先进的信息化管理方法和手段使整个企业高效协调地运作,并对外部市场的变化迅速作出反应,调整相关产品,以达到企业利润的最大化。企业管理信息化主要有以下几个系统:

①制造资源计划(Manufacturing Resource Planning,MRPⅡ);

②企业资源计划(Enterprise,Resource Planning,ERP);

③计算机集成制造系统(Computer Integrated Manufacturing System,CIMS);

④准时生产技术(Just-In-Time,JIT);

⑤敏捷制造(Agile Manufacturing,AM);

⑥全面质量管理(Total Quality Management,TQM);

⑦决策支持系统(Decision Supporting System,DSS);

⑧办公自动化系统(Office Automation System,OAS)。

2. 设计过程信息化

设计过程信息化主要体现在研发水平的提高。它用计算机的辅助设计或仿真模拟的手段加速产品的开发,使设计自动化,缩短产品开发的时间,降低产品的设计成本,并能与制造过程的自动化无缝链接。知识基工程(Knowledge Based Engineering,KBE)

是设计信息化中较前沿的一个应用方向。

(1)它提供了一个智能化的过程引导和智能化的计算机辅助制造(Computer Aided Manufacturing，CAM)系统。

(2)它可以让用户有效地利用现有的知识库，应用规则来定义、检查、建议、优化模型和工程，强化设计规范和条件装配。

(3)它可以向用户提供客户化、个性化的知识应用和智能化的过程开发。

3. 生产过程信息化

生产过程信息化包括两层含义：①指信息要素在生产要素中的相对作用越来越大，信息管理越来越重要，信息已经成为企业创造力、生产力、利润力的源泉，管理人员的每一个决策都建立在对信息充分利用的基础上，以信息指导决策，将信息迅速转化为商品，转化为财富。②指传统生产要素信息化。就劳动力而言，信息化企业需要可以充分挖掘信息、利用信息和发挥信息潜能的信息人力资源，企业将注重对人力资源的管理；就生产工具而言，信息化企业中专利技术、技术诀窍等信息化要素将占主导地位，信息处理技术、信息设备将成为企业的物质基础；就劳动对象而言，在信息化条件下，其使用价值能得以更加充分地利用。

生产过程信息化对于制造企业是一个十分关键的环节，它直接关系到产品的质量、生产周期和产品的适销程度等。生产过程信息化主要表现在以下三个方面：

(1)产品设计与开发信息化。在这方面比较突出的是计算机辅助设计(Computer Aided Design，CAD)和交互式图形系统在机构工具和零部件的设计中获得越来越广泛的应用。

(2)生产环节的信息化。对于生产过程的一些重要环节、重要工序运用计算机进行控制，使生产更具有柔性。

(3)生产过程的综合信息化。企业运用 CAM、CIMS 等先进技术，使企业可以从生产系统的整体上解决高柔性和高生产率的矛盾。

具体地，产品生产过程是从产品需求分析开始，经过产品结构设计、工艺设计、制造，最后变成可供用户使用的产品。具体包括产品结构设计、工艺设计、制造加工、装配、检验等过程。每一过程又划分为若干个阶段，如产品结构设计可分为任务规划、概念设计、结构设计、施工设计四个阶段；工艺设计可分为毛坯设计、定位形式确定、工艺路线设计、工艺设计、刀具、量具、夹具等设计阶段；加工、装备过程可划分为 NC 编程、加工过程仿真、NC 加工、检验、装备、测试等阶段。计算机在产品生产过程不同阶段形成 CAD-CAPP（Computer Aided Process Planning）-CAM 过程链，实现不同的辅助作用，如图 2-1 所示。

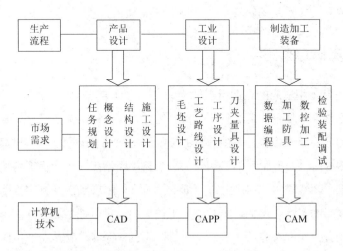

图 2-1 产品生产过程与 CAD/CAPP/CAM

在产品设计阶段计算机实现辅助设计，即 CAD；工艺设计阶段实现计算机辅助工艺设计，即 CAPP；加工、装备阶段实现计算机辅助制造，即 CAM。以 CAD-CAPP-CAM 反映了计算机在产品生产过程中不同阶段的不同层次的应用。

4. 流通过程信息化

流通过程信息化是指企业在采购和销售过程中采用先进的信息技术，重组企业物资流程，以加速物资周转，减少流通费用的过程。一般而言，企业流通过程信息化主要表现在两个方面。

(1)电子商务。随着计算机和网络的普及，电子商务应运而生，它以电子方式来采购商品和提供服务开发市场，以改进企业的采购和销售手段，提高企业的竞争力。通过在 Web 上的一个 Home Page，企业的买与卖、供与求、产品介绍、信息查询等都可以在网上实现。

(2)EDI 信息系统。EDI 最早使用于 20 世纪 70 年代，到 90 年代，全球利用 EDI

技术的企业达到 15 000 多家。EDI 的使用，密切了企业生产的各个环节，密切了企业与企业之间、企业与市场之间的联系，从而降低了管理费用，大大降低了贸易交易成本。此外，采用 EDI 可以减少库存，降低仓储费用，从而实现企业无仓储的"精益型"生产方式。EDI 的使用使企业真正实现从以内部管理为主的封闭式系统向以社会需要和市场为主的开发式系统的转变。

5. 组织结构信息化

建立与信息化相适应的企业组织结构模式，从而实现对组织中的人力、物力、财力、信息资源的管理是企业信息化一个重要的方面。组织结构信息化就是使组织内不同部门之间的界线逐渐模糊，并由静态的递阶结构向动态的网络结构过渡。以知识和技能为基础的临时性、多学科的协同攻关组织将不断增多，企业目标将从传统的保证产品技术性能、降低成本、加快上市等可量化的目标扩展到满足顾客需要这一不可量化却是企业本质的目标。例如，企业中以工作为中心、以任务为导向，绕过原来的中间管理层次，直接对顾客和公司的总体目标负责的"团队"就是企业组织变革的重要内容，"团队"一般有两种类型：一种是长期的"工作团队"，另一种是为解决某一特定问题的、成员来自公司各单位的临时性"专案团队"。

6. 其他

企业的信息化还包括金融信息化、营销信息化、服务信息化。企业要正常的运作就必须有通畅的资金流动作为保障。原料成本的支付方式、货款的回收形式、工资的发放、税收的上缴、向银行的借贷及股票的上市融资等，所有这一切涉及钱的方面和生产中涉及物的方面有同等重要性。

同时，产品由信息化的生产部门制造出来后，就由企业的营销部门负责使它进入商品的销售流通环节。通过实施客户关系管理(Customer Relationship Management, CRM)、电子商务(Electronic Business, EB)，可以大大节约经营成本，提高经济效益。这方面的重点是搞好流通信息网络的建设。一类是针对特定产品的流通信息网络，为企业提供服务，并不通过互联网与消费者沟通；另一类是商业流通与金融机构、交通运输企业、税务、工商管理等部门的横向网络，实现比较完整的电子商务功能。

总之，企业的信息化是由企业内部各个环节信息化和与其相关的外部环境信息化所构成的。任何一个环节出了问题，企业的信息化程度必然要受到影响。企业本身只可能关注于它内部各部门的信息化，剩下的部分就有赖于相关金融机构的自身发展和国家信息化办公室的宏观调控了。

2.1.2　制造业企业信息化的基本概念

制造业企业信息化是将信息技术、自动化技术、现代管理技术与制造业技术相结合，改善制造业企业的经营、管理、产品开发和生产等多个环节，能够提高企业的生产效率、产品合格率和企业产品与服务的创新能力，从而带动产品设计的方法和产品的设计工具的开发和创新、制造业专业技术的创新等，以便达到产品设计研发和生产制造的信息化、企业管理的信息化、制造装备的数控化及咨询服务的网络化，全面提升和挖掘我国制造行业的发展潜力。我国制造业企业信息化发展特点包括信息化模式的逐渐提高、信息化内涵的不断丰富及信息化的外延拓展。通过以上的制造业企业信息化定义和特点可以看出，制造业企业信息化的主要内容包括生产过程的信息化、企业管理的信息化、流通过程的信息化、组织结构的信息化和生产要素的信息化。

制造业企业是一个国家国民经济增长的强大推动力，制造业企业的发展状况是衡量一个国家综合经济实力的标准。因此，大力推进制造业企业信息化建设是促进我国国民经济增长的关键。

2.2　企业信息系统能力研究现状

2.2.1　制造业信息化工程背景分析

制造业信息化工程是以信息技术为载体，将先进管理思想融入制造企业具体实践中的系统活动。随着信息技术发展和管理思想的演进，制造业信息化工程将不断进入集成度更高、应用领域更广、应用层次更深、应用实效更高的程度。

"信息化"是动词化的名词，本意是使某项活动或过程实现信息化，即通过应用信息技术、智能工具、自动化手段等，实现对活动或过程的信息化管理或数字化控制。

信息化是指在特定的历史条件下，政府或工商企业及其他组织应用信息技术及其工具推进先进管理思想、应用技术的手段和途径，目的主要是提高技术和管理水平，反映的是有关速度、成本、效率、质量变化的信息。

制造业信息化工程(Manufacturing Informatization Engineering，MIE)是我国政府部门(科学技术部)于"十五"期间，在整合 CAD 工程和 863/CIMS 工程经验的基础上提出的"实施制造业信息化关键技术研究与应用示范工程"的简称[8]。

我国政府选择在 21 世纪初启动制造业信息化工程，有其客观必然性。

(1)制造业仍然是我国产业链条中的核心产业。制造业在我国改革开放 30 多年的历程中经历了复杂的发展过程，从单一所有制形式发展到当前的多元经济并存的格局，在数量、规模、能力和效率上都有明显提高。制造业仍然是 GDP 中贡献最大的产业。

(2)内在动力与外在压力共存。就制造产业总体而言，我国制造业的运行质量还比较低，规模效应不明显，产品创新能力和工艺技术水平相对落后，工业化水平较发达国家落后 20~30 年。经济全球化、竞争一体化格局随着我国入世而日趋紧迫。从企业自身而言，同行竞争不断加剧，如何摆脱低水平运作，寻求先进管理思想和技术应用手段是企业生存发展的根本愿望。

(3)信息管理技术的发展为制造业信息化提供良好条件。从 MRP(Material Requirement Planning)到 ERP，从 CAD 到 CIMS，企业集成化信息管理系统不断成熟和完善。制造企业从长远利益出发，寄希望投资此类信息系统来迅速提升企业经营管理绩效。

(4)政府推动的示范工程奠定了制造业信息化工程基础。科学技术部在通过"八五""九五"推进 CAD、CIMS 工程中积累了较好的经验，推动了一大批企业在信息化领域的实践，为全面推进制造业信息化工程奠定了比较踏实的基础。

(5)工业化发展规律促进制造业信息化工程的启动。在不同的历史条件下，英国工业化历时约 200 年，日本实现工业化用了 100 多年，而韩国实现工业化仅用了 30 年。客观分析我国制造业工业化水平的差距和所面临的发展机遇，借助先进管理思想和技术手段提升自身管理水平和技术创新能力的可能性是存在的，尤其信息管理技术的应用将使制造业总体绩效水平有较大突破。

制造业信息化工程核心任务是突出抓好数字化设计、数字化装备、数字化生产和数字化管理，并在此基础上通过集成创新，形成一批数字化企业[9,10]。

2.2.2　信息化与企业信息能力研究现状

1. 企业信息化

企业信息化是国家信息化建设的重要组成部分，是国民经济信息化的基础。因此，正确理解信息化与工业化的关系具有重要的意义[11]。从理论上讲，信息化与工业化是一种互动、互补关系，不是替代关系。信息化产生于工业化，信息化发展又需要借助于工业化的手段，两者相互作用、共同发展，信息化主导着新时期工业化的方向，使工业朝着高附加值化发展；工业化为信息化提供基础。没有盈利的产业投资，就不会有持续发展的信息技术，离开信息技术的支撑也难以实现工业化发展模式的飞跃（图2-2）。

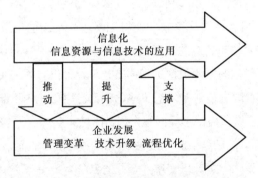

图 2-2　信息化与企业发展相互关系模型

(1)工业化是信息化的基础。工业化为信息化的发展提供物资、能源、资金、人才及市场。信息生产要求一系列高新信息技术及产业，既涉及微电子产品、通信器材和设施、计算机软硬件、网络设备的制造等领域，又涉及信息和数据的采集、处理、存储等领域，这些都需要传统制造业提供基础设施的建设。

(2)信息技术推动传统工业的发展。信息技术辐射传统工业，如在工业中大力推广应用计算机集成制造技术，缩短开发周期、降低制造成本、满足客户多样化的需求。增加产品技术含量，实现产品的更新换代，大力推进现代物流管理，优化供应链，降低流通成本，增加产业附加值。

(3)信息技术提升传统产业。信息技术有高度创新性、高度渗透性和高度倍增性，它能提高传统产业产品的科技含量，增加其附加值。例如，计算机辅助设计、计算机集成制造、机电一体化及电子商务引发商务领域的变革等，成为推动产业升级地重要力量。信息技术对结构升级的作用是深入、立体和内在地提升，能够在其他产业的研发、生产、销售等所有环节发挥作用，提高技术水平，降低产品成本，增加产品附加值，实现产业升级。

所谓企业信息化，就是利用计算机、网络和通信技术，支持企业的产品研发、生产、销售、服务等各个环节，实现信息采集、加工和管理的系统化、网络化、集成化，信息流通的高效化和实时化，实现供应链管理和电子商务。其具体表现形式是信息系统技术的应用。

企业信息化从发展程度看，分为三个层面，体现发展水平的不同阶段。第一层面，数据的电子化。把库存信息、销售凭证、费用凭证、采购凭证都以一定的数据库格式录入计算机，以数字的形式保存起来，可以随时查询。第二层面，流程的电子化。把企业已经规范的流程用软件固化下来，使得流程所涉及岗位员工的工作更加规范高效，减少人为控制和"拍脑袋"的管理行为，同时也能提升客户满意度。第三层面，决策支持。通过对电子化的原始数据进行加工处理，得出有效信息，为管理和决策提供支持。在信息时代，随着信息技术的集成化和信息网络化的不断发展，企业信息化程度不断提高。企业不仅在内部形成网络，做到信息共享，使企业组织整体高效运营，还与外部网络沟通，形成互联网络。信息网络的发展，使企业面临着数字化、虚拟化、敏捷化、网络化、知识化、全球化变革，企业的竞争力日益与企业信息化程度密切相关。信息技术、信息系统和信息作为一种资源已不再是仅支撑企业战略，还有助于决定企业战略，信息战略成为企业战略不可分割的一部分；竞争优势也不再仅限于成本、差异性和目标集聚三种形式，企业信息化形成的独特竞争优势——知识优势，逐渐成为企业竞争的优先级竞争优势，企业信息化成为不可阻挡的必然趋势。目前，美国等发达国家已将信息技术引入企业的生产、经营管理之中，一种建立在互联网络、信息技术基础之上的全新竞争战略在西方企业中得到成功应用，并日益成为企业竞争优势的来源。

企业信息化通过各种各类信息系统，如办公系统信息化(OA 系统)、业务处理信息化(企业的 MIS 系统，辅助决策系统)、设计过程信息化(CAD/LAPP)、生产过程信息化(CAM)、制造资源规划(MRP)、企业资源规划(ERP)、计算机集成制造系统(CIMS)的建设可以实现企业信息的实时收集、传输、加工、存储、更新和维护。

美国的一些跨国公司,通过信息化的发展,生产技术优势得到了充分发挥,经营效率明显提高。通用电气、福特公司、克莱斯勒公司等产业巨头,通过实施原材料网上采购和销售系统的网上配送,原材料采购成本和销售成本下降达 20%~30%,高的达到 40%。全球著名的 CISCO 公司,是全球生产网络设备的第一大厂商。由于其高度地信息化,该公司对其全球资金核算一次只需 8 小时[12]。所以,在美国的经济发展中,信息产业在很大程度上带动了 GDP 增长和劳动生产率的提高。

企业进行信息化建设的目的是"增强企业的核心竞争力"。企业不仅在内部形成网络,做到信息共享,使企业组织整体高效运营,还与外部网络沟通,形成互联网络。信息技术、信息系统和信息作为一种资源已不再仅支撑企业战略,还有助于决定企业战略,信息战略成为企业战略不可分割的一部分;企业竞争力不再仅限于成本、差异性和目标集聚三种形式,企业信息化形成的信息能力已逐渐成为企业核心竞争力重要组成要素,企业信息化成为企业可持续发展的必然选择。

2. 信息能力

信息能力一词最早被提出是在 1974 年美国图书情报学全国委员会(National Commission on Library and Information Science,NCLIS)上。时任信息产业协会(Information Industry Association,IIA)主席的保罗·泽可斯基在所提交的一份协议书中提出了"信息素质"(Information Literacy)的概念,就是本书所提到的信息能力。泽可斯基认为:"所有经过训练的在工作中善于运用信息资源的人称为具有信息能力的人,他们知道利用多种信息工具及主要信息资源使问题得到信息解答的技术和技能[13]"。

美国图书馆协会(American Library Association)在 1989 年的一份报告中,将信息素质定义为:"要成为一个有信息素质的人,他必须能认识到何时需要信息,并具有检索、评价和有效使用必要信息的能力……具备较高信息素质的人,是一个有能力觉察信息需求的时机,并且有检索、评价以及高效地利用所需信息的人,是一个知道如何学习的人[14]"。在 1998 年又完善为信息素质是"不仅能够觉察信息需求的时机,而且有能力识别、检索、评价信息,并且能随时高效利用信息做出特别的决定或解决特定的问题[15]"。美国图书馆协会认为信息素质是一系列必需的搜集、获取、分析和使用信息的技能(the set of skills needed to find, retrieve, analyze and use information)。

通常我们可以说某个人具有较高的"信息素质",而对于社会、组织我们则说其具有较强的"信息能力"(Information Competence),这里信息能力等同于信息素质。当然我们也可以将组织作为"人"看待,说其具有信息素质,即社会、组织全体成员信息意识和信息能力之有机综合,加之社会、组织信息管理能力、信息技术能力等的有机组合。

随着信息化研究的深入,信息能力研究已构成信息化研究的主要内容之一,对个人信息素质的研究已经不能适应信息化研究的需要。在信息化的研究中信息素质的研究对象将延伸至国家、社会团体和组织等,信息素质一词也相应地转化为信息能力,但其核心含义并没有改变,仍然是"一系列必需的搜集、获取、分析和使用信息的技能"。

信息能力是处于信息时代的企业的一种基本生存技能,在信息经济时代,信息能力的培养和获得将成为企业核心竞争力形成的重要途径,信息能力也将成为企业竞争力的重要内容,是企业制胜的关键。企业信息能力的大小直接决定着企业利用信息的效用,决定着企业解决各种实际问题能力的大小,因而也就决定了企业从事各种社会实践活动的绩效。

信息搜集是根据企业的需要,寻找、选择相关信息并加以整理的过程。在现代企业,信息已成为主要资源,也是重要资源,信息搜集获取能力是企业信息能力的基础和前提。如今是一个信息爆炸的时代,企业面对的是浩瀚无垠的信息海洋,数据洪水正向企业滚滚涌来,可以说企业已被海量信息所淹没,但这些信息并非都是有用的,其中有一些信息可能是与企业毫无关系的,甚至是竞争对手释放的伪信息。因此信息越多,企业越难以获得最需要的信息,而且企业必须在获取大量信息数据后,对其进行整理、筛选、鉴别,去粗存精、去伪存真,不过这并不是信息挖掘,而是信息搜集的内容。

通常,企业搜集获得的有用信息,并不是直接拿来就可以用于决策和解决问题的,而是大量不完全的含有噪声的实际数据、信息,这些数据将存放在企业的数据仓库中,这就需要企业具有应用信息技术手段从这些信息源中挖掘出能够直接作为决策依据或用来解决问题的知识的能力——知识发现能力,这是企业信息能力的核心所在。

企业信息能力的实质是为了充分、合理地应用信息知识,做出正确的决策,解决实际的问题,实现并创造更多的信息价值,这样企业通过知识发现拥有的信息知识,还必须及时准确地传递给决策者和信息知识的使用者,由决策者和信息使用者进行信息价值的再创造。这要求企业必须进行信息化建设,使企业信息系统拥有良好的信息处理和传输系统。另外,信息知识的使用具有很强的对象性,不同的人,甚至同一个人在不同时间、不同环境下对于同样的信息知识都具有不同的理解和运用能力,因此信息知识的应用是关键,这也是决定企业信息能力的最终环节,是企业信息能力的最终体现。

企业信息能力的各部分、各环节并不是相互割裂的,他们之间也没有明显的分界线,他们是同一事务的不同方面,而且相互交错。信息搜集过程也有着简单的知识发现,知识发现过程也存在信息的选择和甄别,而信息使用的对象性的根源却是信息与使用者原有的信息知识背景相融合产生新知识的过程。总之,企业信息能力是一个综合能力,是企业所有员工(包括企业管理者)的知识背景、信息素质和企业信息资源、物质资源与企业信息技术形成有机结合的综合能力。

在企业信息能力的实现中,员工的信息素质是基础和根本,信息技术手段是条件。信息搜集、知识发现、信息知识使用等能力的实现不仅受人的信息素质影响,而且还受现代信息技术手段的限制,有了先进完备的现代信息技术手段和设备的支持,人的信息素质才能得以充分发挥。因此,企业信息能力不仅表现为员工受教育的程度、信息知识和信息技术的掌握程度,而且还表现为企业信息技术设备的装备情况和应用情况,体现在企业的信息系统装备上,体现在企业信息化程度上。

2.2.3　企业信息系统发展概况分析

近 50 年来,在市场需求越来越多样化、全球经济由短缺向过剩发展趋势的推动下,先进制造技术获得了长足的发展。这里,信息技术对先进的制造技术的支持功不可没。先进制造技术是一个广义的概念,它包括产品设计、制造工艺及管理等方面的内容。多年来,由于制造业产品的多样性和复杂性,不同的企业采用了多种多样的信息系统,以至于 20 世纪 70 年代初提出了计算机集成制造(CIM)的概念,试图将企业中各种不同的信息系统集成在一起,使其信息互通,并最终形成一个单一的、集中的信息系统。但是，由于信息和数据结构的高度差异及经济和管理方面的诸多因素，这一努力成效甚少，企业仍以各自的方式走着自己的信息技术应用之路。

1. 21 世纪制造业的关键技术[16]

21 世纪制造业的关键技术随知识经济市场环境的需求不断创新，但都是依靠信息技术这一载体来发展与应用的，其关键技术主要有如下内容。

1) 集成化技术

在过去制造系统中仅强调信息的集成，现在更强调技术、人与管理的系统化集成。在信息时代的今天，企业在开发制造系统时，强调的是"多集成"的概念，即信息集成、智能集成、串并行工作机制集成及组织人员集成。

2) 智能化技术

该技术应用人工智能技术来实现产品生命周期(包括产品设计、制造、销售物流、服务支持、用户到产品报废等)各个环节的智能化，而生产设备的智能化则要实现人与制造系统的融合和工作人员职能的充分发挥。

3) 网络技术

网络技术包括硬件与软件的实现，各种通信协议及制造自动化协议、信息通信接口、系统操作控制策略等是实现各种制造系统自动化的基础。

4) 协同产品技术

它包括多学科、多功能综合产品设计、生产过程管理与控制、物流管理与控制技术、分布式并行处理智能协同求解技术等。该技术实现制造系统中各种问题的协同求解，获得系统的全面最优解，实现系统的最优决策[17]。因为制造业产品的开发设计不仅用到机械科学的理论与知识(力学、材料、工艺等)，还涉及电磁学、光学、控制理论；不仅要考虑技术因素，还必须考虑到经济、心理、环境、卫生及社会等方面的因素。

另外，制造业产品的开发要进行多目标全性能的优化设计，以追求产品的优化特性、效率、精度、使用寿命、可靠性、制造成本与制造周期的最佳组合。该技术的研究重点是并行工程、CAD/CAPP/CAM/CAE 一体化集成系统设计技术、面向制造/装配/市场销售并行设计技术及产品效益，以及风险的并行评估技术等。

5) 虚拟现实与多媒体技术

虚拟现实(Virtual Reality，VR)是人造的计算机环境，人处在这种环境中有身临其境的感觉，并强调人的介入与操作。VR 技术在 21 世纪制造业中将有广泛的应用。该技术可以用于培训、制造系统的仿真，可以实现基于制造仿真的设计与制造、集成设计与制造和实现集成人的设计等。多媒体技术采用多种介质来储存、表达、处理多种信息，融文字、语音、图像、动画于一体，通过行为控制理论与动作仿真来实现企业组织目标与任务的实施。

6）人-机-环境系统技术

该技术将人、机器和环境作为一个系统来研究，以发挥系统的最佳效益。研究的重点是人机环境的体系结构及集成技术、人在系统中的作用及发挥，人机柔性交互技术、人机智能接口技术、清洁制造等。

2. 制造业关键技术与信息技术的融合与发展[16]

在早期，许多企业都经历了自行开发软件的阶段。许多商品化的软件也确实是由自行开发的软件发展而来的，如 MRP 软件最早是应一个拖拉机厂的要求开发的；CAD 软件最早也是从飞机制造企业中产生的。当前，企业信息系统的大部分软件开发的商品化已十分成熟，绝大多数企业获取信息系统的方式已从自行开发转到市场采购。相应的信息系统应用模式也从"需求分析—软件开发—投入使用"的模式转向"系统规划—软件选型—系统实施"的模式。在"系统规划—软件选型—系统实施"的模式中，系统规划决定了企业信息系统应用的目标、范围和步骤。

自 20 世纪 40 年代后期电子计算机诞生以来，制造业的发展就与信息技术的发展紧密联系在一起。从 50 年代开发数控机床开始，信息系统在制造业的应用是沿着不同的领域方向逐步发展的。同时，信息系统的应用又和先进的管理思想，先进制造手段的发展结合在一起，互相影响、互相促进，推动了制造业生产方式的不断进步和变革。

从 50 年代到 70 年代，设计、生产和制造设备的信息化基本上是独立发展的。在设计领域，由于缩短产品上市时间的压力，在比较 CAD/CAE（Computer Aided Engineering）/CAM 的基础上，提出了并行工程（Concurrent Engineering, CE）的思想。并行工程的事实则要求企业建立可由各部门共享的、统一的产品数据库，在计算机网络技术的支持下，产品数据管理（Product Data Management，PDM 系统应运而生）。

在生产管理领域，由于产品品种的日益多样化，按库存量控制生产计划的办法已无法解决多品种生产与成本控制的矛盾,对独立需求和相关需求采用不同的计划/控制方式的思想诞生了 MRP 系统,并逐步发展为包括企业生产、采购、销售和财务等各部门业务管理职能在内的 MRPII 系统。而数字逻辑控制的自动机床(Computerized Numerical Control,CNC),并结合物料运输系统和刀具管理系统形成了 FMC(Fixed Mobile Convergence)和柔性制造系统(Flexible Manufacture System,FMS)。

进入 20 世纪 80 年代以来,企业信息系统的发展出现了两个明显的趋势:一是企业内各职能领域独立发展的信息系统走向集成;二是将企业信息系统的应用范围扩展到以本企业为中心的整个供应链。70 年代末美国学者提出了 CIM 的概念,其目标是将企业中设计、管理和制造设备控制的各种信息系统集成在一起,构成一个所谓的 CIMS,使企业中的信息传递和利用达到最高的效率。同时,由于企业内部的信息系统已经发展得比较完善,如何更好地管理客户和供应商,即供应链的管理被提上了议事日程。在涉及领域,PDM 系统发展为 PDMII 系统,允许客户和供应商进入,与设计人员交互,从而使产品在需求分析和概念设计阶段就处于系统的管理之下;在生产管理领域提出了供应链管理的概念,将 MRPII 的范围扩展到分销计划和供应商计划,并囊括了人力资源管理、设备维修管理及数据分析/采掘等决策支持功能,形成了 ERP 系统。

市场竞争加剧、科学技术发展迅速、产品更新换代速度加快及人们对产品多样化的需求增加,使得机械制造业向多品种小批量生产方式发展。为适应这种情况的变化,美国、日本等国开展了大量的对策研究,提出了许多新观点、新思想、新概念。随后,诞生了许多先进制造技术与系统,如柔性制造系统 FMS、计算机集成制造系统 CIMS、并行工程 CE、独立制造岛、精益生产(Lean Production,LP)、智能制造系统(Intelligent Manufacturing System,IMS)、敏捷制造系统 AMS、生物制造系统 BMS、全能制造系统 APS、虚拟制造系统 VMS 与全球制造系统等。

随着电子商务的发展,在对发展的供应链管理、客户关系管理和企业资源计划基础上提出了基于电子商务的 ERP、PDMII 及协同产品商务(Collaborative Product Commerce,CPC)等系统概念。CPC 系统使用 Internet 技术使虚拟企业中的每一个相关人员在产品的全生命周期内互相协同地对产品进行开发、制造和管理。不论这些人员在产品的商业化过程中担任什么角色、使用的是什么计算机工具、所在的地理位置或处于供应链的什么环节上,通过 CPC 系统,产品的信息都可以成为整个扩展企业共享的知识资产，所有成员都可以在产品从概念设计到报废回收的全部生命周期中访问异地数据，这使敏捷制造的思想得以实现，达到全球化制造 (GM) 的目标。表 2-1 列出了制造业信息技术应用于发展的主要模式。

表 2-1　制造业信息技术应用于发展的主要模式

生产管理模式	英文名称	基本含义	提出国家/时间
准时生产制造 (JIT)	Just In Time	采用看板系统和追求零库存的生产管理模式，保证成品在销售前能准时生产出来并准时送入总装、部件能准时进入组装、零件准时进入部装、原材料准时转为零件，旨在消除超过生产所绝对必要的最少量的设备、材料、零件和工作时间部分	日本丰田汽车公司/20 世纪 60 年代
制造资源计划 (MRPII)	Manufacturing Resource Planning	在闭环 MRP 的基础上，不仅涉及物料，而且将生产、财务、销售、技术、采购等各个子系统结合成一体化的系统，是一个广泛的资料协调系统	美国/20 世纪 80 年代初
最优生产技术 (OPT)	Optimized Production Technology	吸收 MRP 和 JIT 的长处，以相应的管理原理和软件系统为支柱，以增加产销率、减少库存和运行为目标的优化生产管理技术	以色列/20 世纪 70 年代
柔性制造系统 (FMS)	Flexible Manufacturing System	按成本效益原则，以自动化技术为基础，以"及时"的方式适应产品品种变化的加工制造系统	英国/20 世纪 60 年代
一个流生产方式 (SPS)	Single-unit Production System	JIT 模式中的一种形式，旨在生产过程中，零件(毛坯、半成品)投放时不停顿、不堆积、不超越，按顺序、按节拍一个一个的产出，整个生产线似同一台设备，实现劳动集成同步化均衡作业	日本/20 世纪 70 年代
精益生产 (LP)	Lean Production	美国麻省理工学院研究者 John Knafcik 界定的日本汽车工业生产管理模式的名称，可以表述为通过系统结构、人员组织、运作方式和市场营销等各方面的改革，使生产系统对市场变化作出快速适应，并消除冗余无用的损耗浪费，以求企业获得更好的效益。在某种意义上，LP 与 JIT 有相同的含义	美国/20 世纪 90 年代初
计算机集成生产系统 (CIMS)	Computer Integrated Manufacturing	借助计算机技术集成产品设计制造系统	日本、美国/20 世纪 60~80 年代
敏捷制造 (AM)	Agile Manufacturing	以先进生产制造技术和动态组织结构为特点，以高素质与协同良好的工作人员为核心，采用企业间网络技术从而形成的快速适应市场的社会化制造体系，被认为是 21 世纪的生产管理模式和战略	美国/1992 年

3．企业信息系统发展的影响因素[5]

纵观企业信息系统的发展历程，可以发现企业信息系统是在两个"推力"和一个"牵引力"的共同作用下不断向前发展的[15]。一方面，企业信息系统与当时的社会经济发展水平、企业所处的经营环境密切相关，而每一阶段出现的新的管理思想、管理方法和信息技术都成为企业信息系统发展的推动力，推动其向企业管理的纵深方向发展，这是两个"推力"的作用。另一方面，企业信息系统发展受到战略目标的牵引，"牵引"的动力来自企业提高竞争优势的强烈愿望。图 2-3 显示了企业信息系统的发展及其影响因素。

1) 管理思想和管理方法的发展

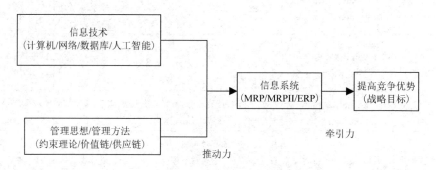

图 2-3　企业信息系统发展及其影响因素

迫于竞争环境的压力，传统的管理思想和管理模式已难以适应企业当前的要求。20 世纪 90 年代以来，发达国家兴起了管理变革的浪潮，诞生了许多新的管理思想：敏捷制造(Agile Manufacturing，AM)、供应链管理(Supply Chain Management，SCM)、客户定制生产(Customized Manufacturing，CM)、客户关系管理(Customer Relationship Management，CRM)、电子商务(Electronic Commerce，EC)、虚拟企业(Virtual Enterprise，VE)等应运而生[18]。这些管理思想的实现需要有网络、数据库和计算机等信息技术平台作为其运行的支撑体系。信息系统中信息收集、传递、加工和信息输出方式都与特定的管理方法、管理体制密切相关，因此，任何一种管理信息系统都是其具体管理思想的缩影[19]。换句话说，信息系统犹如有生命活力的组织体，信息技术是"硬壳""躯干"，而管理的思想和方法则是其"灵魂"。

2) 信息技术的发展

今天，在摩尔定律、梅特卡夫定律和吉尔德定律这三大定律的推动下，信息技术得以迅猛发展。企业信息系统总是能及时吸收、利用计算机软硬件技术发展的最新成果，而新出现的计算机及通信技术又推动了新的管理思想及管理运作方式的变革。例如，局域网络技术的发展催生了 MRPⅡ，导致企业内部信息系统向集成化发展；同样，互联网技术为 ERP、SCM 等奠定了基础，企业信息系统的发展得以跨越组织边界，不断向供应链的上下游延伸。可以肯定，这种趋势将持续下去。信息技术领域一个值得注意的新动向是无线网络技术的发展。较之有线互联网络，无线网络是真正的"无处不在"的网络。企业信息系统通过支持无线接入服务，可以为管理者提供更加便捷的服务，方便其进行决策或者与客户沟通，而无论其身在何处。这将是企业信息系统建设的一个新目标。

3) 提高竞争优势的需要

企业实施信息系统的最终目的是实现其战略目标，获取持续竞争优势。企业动态能力理论强调了企业内部资源、能力和知识对企业竞争优势的影响。而作为一个强大的信息处理工具，信息系统能够显著地提高组织的协调和整合资源的能力、学习能力和变革的能力，对企业核心竞争力起到重要的支撑作用[20]。例如，ERP 系统服务于企业内部资源的整合，SCM 加强了企业与供应链伙伴的协调能力，知识管理系统可以增强企业的学习能力。同时信息系统的运用使得组织结构向扁平化发展，推动了企业业务流程的重组和改善，这将有利于构建灵活的运营机制，增强企业对快速变化的外部环境的应变能力。

2.2.4 信息系统能力现状分析

纵观信息系统领域的研究文献与实践，信息系统的应用经历了从最初为提高组织内部效率与效力，到支持组织间双向业务活动，再到管理不同业务间相互作用的阶段。在第一个阶段，信息系统的功能不仅是以群体与决策制定者间的交易为导向，还促进了沟通。除了交易处理系统，其他的如决策支持系统、群决策支持系统与领导信息系统也被应用到。在第二个阶段，应用信息技术来支持双向的跨组织业务活动。这个阶段，信息技术被界定为跨组织系统(信息系统)。比较典型的如 EDI，EDI 被认为是一种以交易为导向的私有技术，其投资者面临很大的转换成本。随着 Internet 技术的目标化，更多的信息技术被应用到信息系统中。这些信息技术系统的功能从重复交易自动化扩展到更加合作与定制化的工作技术。在第三个阶段，信息技术系统的应用提供了更高层次的功能——管理不同组织间的相互作用。这些信息系统顺畅了组织间复杂的、频繁的相互作用，产生了规模经济与范围经济。

信息系统能力是指企业为了达成与其他资源和能力的整合，在配置和使用信息系统资源过程中表现出来的才能[21]。信息系统能力通过企业惯例形成并根植于企业惯例中，它是由企业信息系统资源组合体现出来并反作用于信息系统资源(对资源进行配置和使用)的才能和本领。它一方面是一定信息系统资源组合的属性，另一方面也是合理使用信息系统资源的方法或途径。每一个企业都具有一系列信息系统资源，但并非每一个企业都能最好地利用其资源，这说明企业在其所拥有的信息系统能力上存在异质性。

企业通过不断的整合、学习和再配置过程，获得以变制变的能力，才能够在竞争的激流中永立潮头。由于信息技术的快速发展，信息系统已经成为影响企业竞争力提升的重要因素之一，企业提升竞争优势就不能忽视信息系统对企业的影响。企业能力的塑造由许多因素引起，其中信息系统能力是培育企业能力的一个重要方面，信息系统作为一种工具可以提高企业协调与整合、学习和再配置资源的效果——提高了企业的竞争优势。

2.3　企业信息系统能力评价研究现状

2.3.1　信息能力评价研究概况

企业信息能力是企业能力的重要组成要素，反映了企业目前和未来信息能力的具体水平，表现为在一定条件制约下，企业以其自身的信息能力，在与其他企业的市场竞争中，能够保持企业自身生存和发展的能力。它通过对影响企业信息化状况的诸多因素的综合分析和评价，来确定企业信息化的实际水平。

科学评价中，不同的评价方法对评价结果会产生不同的影响。目前国内外科学评价的方法很多，就企业信息能力的学科领域而言，其常用的评价方法[22]可分为：①多指标综合评价法；②经济模型法；③数学评价法；④组合模型方法。每一大类中又可细分成多种方法，如图 2-4 所示。

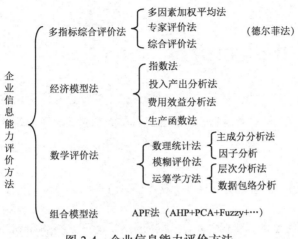

图 2-4　企业信息能力评价方法

(1) 多指标综合评价法中以专家评价法和综合评价法应用较多。其中，专家评价法是以领域专家的主观判断为基础的一类评价方法，主要包括评分法、类比法和相关系数法等具体方法。专家评价法具有操作简单、直观性强的特点，可以用于定性或定量经济效益指标的评价，一般采用多位专家评价等措施来克服主观性强及准确度不高的缺点。

(2) 经济模型评价法是一类定量的评价方法，具有客观性强、实用程度高的特点，适合于直接经济效益的评价。该类评价方法主要包括生产函数法、指标公式法和费用/效益分析法等。

(3) 数学评价法包括数理统计法、模糊评价法和运筹学方法。主要采用数学中的数据包络分析(Data Envelopment Analysis，DEA)、层次分析(Analytic Hierarchy Process，AHP)、模糊评判、多元统计分析中的主成分分析(Principal Component Analysis，PCA)、因子分析和聚类分析等有效的工具和方法进行评测。这些方法具有完备的理论基础，适合于对多因素的变化进行定量动态分析和评论，尤其是对那些含不确定性的、模糊因素的评价能够获得较好的评价结果。

(4) 组合评价法是指前述专家评价法、经济模型法、运筹学评价法和其他数学评价法中的具体模型或方法的有机组合应用形成的一种评价方法。其中，APF 法是一种十分典型的组合评价法,它把层次分析(AHP)、多元统计中的主成分分析(PCA)和模糊评判(Fuzzy)等方法相组合,综合利用各种方法的不同特性对评价对象做出较全面的评价。

2.3.2 信息化评价研究概况

企业信息化经过半个多世纪的发展,国内外学者在企业信息化的作用机理和建设阶段模型、企业信息化的效益评价和评价指标体系的建设、评价理论与方法方面已经取得了一定成果,并积累了一定经验。概括起来包括下面几个方面。

1. 在信息化评价内容方面

首先,是对信息化的宏观主体——国家信息化水平的评价研究。在国际上,对国家信息化水平的评价中,在 20 世纪 70 年代逐渐形成两种主要测定方法:一种是美国学者马克·西里·波特拉博士提出的信息经济方法;另一种是日本学者建立的信息化指数模型方法。波特拉研究中对信息经济规模的测算,通过建立宏观经济的投入产出模型,用信息活动产值占国民生产总值(Gross National Product,GNP)和国内生产总值(GDP)的比例大小、信息劳动者人数占总就业人口的比例大小和信息部门就业者收入占国民收入的比例大小来衡量社会信息化程度。以日本专家小松清奇介为创始人的信息化指数法,提出了衡量一个国家信息化程度指标的量化原则,从社会的信息量、信息装备率、通信主体水平和信息系数来衡量社会信息化水平。波特拉法虽然具有适应性和可操作性,但其测算方法比较复杂,所应用的统计数据引起学术界的很多争议。相对而言,信息化指数法虽然仅测算社会活动水平,测算模型不够全面,测算结果也具有相对意义,但可以利用现有的统计资料来进行测度,方便实用。因此,指标分析法是我国应用较多的一种方法。很多学者根据产业特点,利用方法,制定了宏观信息化水平指标体系。进入 20 世纪 80 年代以来,《世界时代》(*World Times*)全球研究院(Global Research)与国际数据公司(IDC)(国际数据集团下属的信息研究机构)共同提出了"信息社会坐标系"(Information Society Index,ISI),用以比较和测量各个国家获取、吸收和有效利用信息和信息技术的能力。ISI 坐标变量分为三组:社会基础结构、信息基础结构、计算机基础结构。美国学者 Borko 和法国学者 Menou

于 1982 年提出了信息利用潜力指数(IUP)模型法。IUP 模型是多变量、多层次的信息环境评估模型，包括反映一个国家信息基础设施和信息利用潜在能力的各种变量达 230 个，其中 27%的变量反映国家的基本条件，20%反映信息的需求和使用，53%反映信息资源和活动。这 230 个变量按结构和功能两大方面分组，产生出 21 个结构和 17 个功能组，分属于 3 个结构子集和 6 个功能子集。1993 年 Menou 又对 IUP 模型法进行了修订。

其次，是对信息化的具体环节、信息系统的技术经济性能的评价研究。由于信息系统的建设是信息化的基石，而软件是信息系统的重要组成部分，很多人把对软件开发、管理、维护过程的研究当成了信息系统乃至信息化建设的评价的核心内容。国际上，对信息系统的评价在 20 世纪 70~80 年代主要体现在对软件质量及成本核算的评价上。其中有代表性的是 Boehm 和 Brown 等于 1979 年首次提出了软件质量模型并开始进行软件质量度量(Software Quality Metric，SQM)。80 年代后期，随着信息系统建设投资的迅速增长，更加注重信息系统评价的经济问题。Parker 和 Benson 合著的《信息经济学》从信息系统技术与企业经营业绩的联系等方面对其进行了深入的研究，被认为是研究信息经济评价方面的代表作。

国内学者对信息系统评价内容即指标体系的研究，从 20 世纪 80 年代后期开始也是首先集中在进行软件质量度量上。朱三元等学者发表了《软件质量度量》，探讨了软件质量评价的内容。80 年代后期，随着信息系统建设投资的迅速增长，更加注重信息系统建设绩效评价问题。信息技术的不断变化与发展使得信息系统所处的环境不断变化，导致系统项目开发的技术风险增大；与此同时，信息系统的内部价值呈现多样性和多视角性，无形价值和战略价值增加，且难以量化。这些因素都使企业信息系统的评价呈现出复杂性，也是信息系统绩效评价中迫切需要解决的问题。根据系统论的观点，企业信息系统可以看成企业大系统中的一个子系统。随着信息系统在企业中的重要性增强，信息系统绩效对企业绩效的影响力逐渐增强。它对于企业交付预期的产品和服务目标，支持企业间信息传递，扶助财务管理，人力资源等起到良好的支撑作用。有必要建立起企业目标与信息系统目标之间的关联，确保信息系统交付的价值符合并支持企业的战略任务与目标，做到整体目标的统一，从而了解企业绩效指标如何通过信息系统指标实现优化。企业绩效是企业经营活动的结果或者表现。它是企业经营活动在企业目标上的反映，即反映的是企业目标的实现程度。因此，要了解企业绩效，必须了解企业目标。企业的终极目标可以看成企业在现在、将来获得最大的利润，即企业价值最大化的目标。企业绩效反映了企业在现在和将来所获利润的多少，即企业价值，反映了当前及未来可能的状况。就企业信息系统而言，绩效评价是一个分析性的过程，通过该过程评价系统如何通过交付 IT 服务已实现企业赋予它的使命。绩效评价应该包括结果(有效满足预期使命目标的结果)及过程(为实现预期目标而进行的整个过程)等方面的成效。因此，企业信息系统的绩效可以定义为企业信息系统对企业目标实现的贡献度，绩效是信息系统对企业价值的综合表现。信息系统绩效评价应该作为企业整体绩效评价的子集。为了优化企业信息系统绩效，必须设立绩效指标，利用绩效指标来监控信息系统的行为，并监督和激励管理者，从而优化整个企业的绩效[23]。

对于企业的信息战略实施效益评价，平衡计分卡是将绩效与战略目标结合起来进行综合评价的一种较好的方法。平衡计分卡最突出的特点是：将企业的远景、使命和发展战略与企业的绩效评价系统联系起来，它把企业的使命和战略转变为具体的目标和评测指标，以实现战略和绩效的有机结合。平衡计分卡以企业的战略为基础，并将各种衡量方法整合为一个有机的整体，它既包括了财务指标，又通过客户满意度、内部流程、学习和成长的业务指标，来补充说明财务指标，这些业务指标是财务指标的驱动因素。这样，就使组织能够一方面追踪财务结果，另一方面密切关注能使企业提高能力并获得未来增长潜力的无形资产等方面的进展。简单地说，平衡计分卡就是通过建立一整套财务与非财务指标体系，包括财务绩效指标、客户指标、内部业务流程指标和学习与成长绩效指标，对企业的经营绩效和竞争状况进行综合、全面、系统的评价。平衡计分卡是一种将企业的战略目标用可以测量的各种指标表达出来，使管理层级各级员工能够对企业的发展战略有明确认识，并促使发展战略向经营实践转化的管理方法。平衡计分卡在企业信息化评价中的应用一经推出就受到业界的广泛采用[24]。

最后，是关于信息化的微观主体——企业的信息化的评价研究。企业信息化的评价指标体系也已经有了较大的突破。2004 年 3 月 15 日，日本"信息化与生产率"评价基准自我评价指南正式进入我国，将和我国政府的信息化相关部门展开合作。"信息化与生产率"评价基准自我评价指南是世界范围内第一个"自我评价指南"。该指南参考了瑞士国际竞争研究体系和日本经营质量奖及美国"MB 奖"的判断基准，通过对五年来美国及亚洲各国的调查，以及日本众多大公司信息化专家支持，形成了一套完整、实用性强的信息化评价体系，目前已成为日本企业信息化的主流评价指南。企业管理人员可由此为本企业信息化的效益进行自我诊断，它量化了在过去被认为是难以量化的信息化效益[25]。

在我国，2004 年 10 月 9 日，国家信息化测评中心在北京举行了我国企业信息化指标体系论坛，就此展开研讨。从我国企业信息化指标体系论坛上获悉：我国推出了第一个面向效益的信息化指标体系——中国企业信息化指标体系。该指标体系第一次将"建设有效益的信息化"的要求以评价指标的形式落到实处；第一次提出从效能角度，从适宜度、灵敏度等多个方面，全面评估企业信息化水平并提供解决方案的咨询。作为企业信息化效能评价的基准，指标体系将对标杆企业采集标杆值，作为评价参照。据介绍，"标杆企业"是指在同行业、同规模、相同发展阶段情况下与其他同类企业相比，在信息化方面有某些特色、有相当的先进性的企业，其作为要素用来构造"标杆值"表，以此为主要刻度，来计算、判定企业的信息化水平。"标杆企业"是企业信息化进程中的重要品牌资产，标杆企业的系统和模式将被列为示范样本，将得到更多的国家级专家的关注和指导，得到信息化服务商及各个方面更多的支持和服务。中国企业信息化指标体系的推出，可以为企业信息化具体实施提供切实的帮助，同时也为政府了解企业信息化状况和进行相关决策服务，将对正确和客观地评价中国企业信息化水平，引导企业信息化建设在有效益、务实的基础上产生重大影响[26]。

2. 在企业信息化的评价方法方面

在信息化的评价方法上，科学的评价方法是保障企业信息化建设项目评价质量的必要条件。对企业信息化效益的综合评价可从可量化和不可量化两个方面展开。对于可量化部分应尽力量化处理，国内外在这方面进行了一些研究介绍了一些量化测算模型和算法。对于不可量化部分，国内外学者也提出了专家评价法、运筹学方法、模糊数学方法等[27]。

(1)专家评价法：1964 年美国兰德公司的 Helmen 和 Gordon 首次提出由专家经验统计判断的 Delphi 法，它可以视为专家评价法的经典，这类评价方法还有权重分析法、类比法、相关系数法等。

(2)运筹学方法：对某一事物进行评价的实际工作中，经常需要同时用几个标准作为评价依据。由运筹学发展出来的一些方法常用来解决多目标评价问题，在运筹学方法中有 20 世纪 70 年代由 Saaty 教授创造的层次分析法 AHP（the Analytic Hierarchy Process）、多目标决策方法、由著名科学家 Charnes 和 Cooper 于 1978 年提出的数据包络分析法 DEA（Data Envelopment Analysis）等。

(3) 模糊数学方法：Fuzzy 是描述具有模糊性事物的一种数学工具。借助 Fuzzy 可以从复杂模糊的现象中求得精确的数学规律，为研究那些基本概念的内涵和外延不分明，难以用精确数学描述的问题提供既方便又简单的评价方法。

(4) 灰色系统分析法：灰色系统理论是我国学者邓聚龙教授于1982年首先提出的。灰色系统在实践中处理不便于辨识或不能很快辨识的不完全系统。灰色系统分析法在经济系统、工程技术系统预测、分析和决策中使用较为广泛。

(5) 组合评价法：组合评价法是系统工程领域常用的评价方法，它是指将前述专家评价法、经济模型法、运筹学评价法和其他数学评价法中的具体模型或方法有机结合应用，扬长避短的一种评价方法。其中 APF 法是一种十分典型的组合评价法，它包括 AHP、多元统计中的主成分分析法和模糊评判等方法相结合，综合利用各种方法的不同特性对评价对象作出较综合全面的评价。

2.3.3　企业信息系统能力评价研究概况

经查阅，国内外大量文献讨论了信息系统给企业带来的竞争优势及对其他职能核心能力（研究开发能力、生产制造能力、营销能力、物流配送能力等）的影响[28]，但对信息系统本身能否带来及如何带来持续竞争优势的能力研究却不多见，对企业信息系统能力进行评价更是缺乏量化的研究。大多数文献[19,21,29~48]集中对信息系统核心能力的来源和内涵进行了界定；对企业信息系统能力与企业竞争优势之间的关系也只从动态能力理论视角进行了理论分析；研究了信息系统核心能力构建过程；对企业信息能力、企业信息化实施程度和实施水平及实施效果使用不同的方法进行量化评价。而对于信息系统本身所具有的能力是否可以给企业带来持续的竞争优势没有进行量化的分析和研究。

2.4　企业信息系统能力评价理论研究基础

2.4.1　企业核心能力理论研究综述

1. 企业核心能力的内涵

对企业核心能力理论渊源的不同理解，客观上造成了人们对企业核心能力的内涵理解的多样性。普拉哈拉德和哈默(Prahalad and Hamel)认为，核心能力是组织中的积累性学识，特别是关于协调不同的生产技能和有机结合多种技术流派的学识[49]；蒂斯、皮萨诺和舒恩(Teece，Pisano and Shuen)将核心能力定义为提供企业在特定经营中的竞争能力和优势基础的一组相异的技能、互补性资产和规则[50]。埃里克森和米克尔森认为核心能力是组织资本和社会资本的有机结合，组织资本反映了协调和组织生产的技术方面，而社会资本显示了社会环境的重要性。伦纳德和巴顿(Leonard-Barton)认为核心能力是一个系统，包括员工的技能、知识、管理系统和价值观四种形式的技术竞争力[51]。麦肯锡管理咨询公司认为，核心能力是某一组织内部一系列的技能和知识的结合，它具有使一项或多项业务达到世界一流水平的能力(Hamel and Heece)[52]。另外，还有人从知识的角度认为核心能力是一种方法性的初级知识，可以创造价值；从资产的角度认为核心能力是无形资产和智力资产中的关键部分，反映了企业的本质[53]；等等。在关于核心能力的所有的这些定义中，最为流行、用得最广泛的是哈默和麦肯锡咨询公司的观点。他们的表述虽有不同，但其本质一样，即一是具有核心能力的企业至少有一项业务达到世界一流水平；二是重视技术和技能及其相互整合。

其实，从企业发展史和企业能力理论的研究可以得知：企业核心能力是企业能力随环境变化而发展的结果，其实质是企业在长期艰难的成长历程中，逐渐培养起来的、迅速适应和利用变化的环境不断发展壮大自己的一种综合素质。

首先，企业核心能力以组织和人作为载体，是企业的一种综合素质。但并非存在于组织的单个人或某一部分之中，也不是存在于企业生产经营的某一环节，它存在于企业的经营活动的各个层次，支撑着企业获取持续的竞争优势。这使得核心能力具有普遍模糊性，使它难以识别和模仿。同时，企业核心能力不是单个的能力，而是企业能力系统的整合。因此，从核心能力的综合性出发，企业核心能力包括企业基础能力和企业整合能力，其中企业基础能力又分为基础生存能力和基础发展能力，企业整合能力分为外部整合能力和内部整合能力。对于处于不同经济发展阶段、不同产业、不同区域的企业，其具体内容和表现形式可能不同，但无论哪类企业，其核心能力都应该包括由企业在长期的发展过程中积累起来的对不断变化的环境的洞察力、对企业发展前景的预见性及应用知识体系，协调整合企业资源，迅速适应环境的要求的具体运作能力等要素。

其次，核心能力是分层次的。按目前国外通行的标准，业务水平达到世界一流的企业才具有核心能力，但这样的企业在我国毕竟是少数。有些企业虽然其业务水平暂时还达不到世界一流，可能只是国内一流，区域一流，甚至地区一流，但只要具有很大的发展潜力，能带来持续的消费者剩余，在市场竞争中获得持续的"租金"，本书认为这样的企业仍然具有核心能力。

再次，企业核心能力要以企业所拥有的知识体系为基础。企业在长期的发展历史中逐渐形成和积累起来的关于产业环境和生产经营等各方面的知识体系，包括企业所拥有对内外环境的洞察力、预见性，对企业内外资源的认识和鉴别，企业的独特的技术、技能和技巧等无形资源，与企业的其他资源一起，构成企业发展不可或缺的必要条件。但是知识体系和资源本身并不等于核心能力。如果把企业看成一座建筑，那么资源、知识体系就是建筑材料，核心能力是把这些材料有机组合起来，完成建筑物的东西。因此，企业核心能力表现为一种实践能力、一种应用能力、一种整合能力。

最后，核心能力通过帮助企业充分实现顾客价值，来拓展企业的广阔的发展空间和持续的竞争优势。没有顾客就没有市场，就没有企业存在的基础。企业的产品和服务，只有给顾客带来特殊效用，不断地获得日益增多的顾客持续的支持，企业才可能有广阔的发展空间和持续的竞争优势。

根据 Pahalad 和 Hamel 的定义，核心能力是"组织中的积累性学识，特别是关于如何协调不同的生产技能和有机结合多种技术流的学识"，是指蕴含于一个企业生产与经营环节之中的具有明显优势的技术和技能(包括生产、管理和营销技能)的集合体。这个"集合体"就是企业内部行为和过程所体现出的特有能力，是基于团队工作、企业文化和组织程序的能力，是企业的智力、技术、产品、管理、文化的综合优势在市场上的反映，是在限定的企业战略空间中使企业比竞争对手的行为更有效的能力。它能使一项或多项业务达到一流水平。它能使企业产生独特的产品，甚至在某一领域获得垄断优势。在平时它表现为"学识(企业知识)"的形式。例如,特有的企业文化、技术与专利、规程与程序、规章制度与机制、经验与价值理念等。它们需要不断地创新、改进和积累,并不断趋向更高的组织活动效率。

核心能力被认为是企业获取持续竞争优势的来源和基础,这主要是由核心能力本身所具有的特点所决定的:①核心能力能实现用户所看重的核心价值。企业核心能力能为用户提供超过其他企业的更多的使用价值,能够更好地、更全面地满足用户需要,同时能使企业比竞争对手有更高的劳动效率、更低的产品成本,从而取得更高而且长期的经济效益,实现企业价值最大化。②在竞争方式上。企业的核心能力具有独特性,难以模仿和超越。③从企业未来成长的角度看,核心能力具有延展性。企业能够从某种核心能力衍生出一系列产品与服务,从而打开多种产品潜在市场、拓展新的行业领域。④核心能力具有相互关联性。核心能力是一组技能和技术的集合体,而非单个分散的技能或技术。⑤核心能力是通过学习积累得到的。核心能力不能通过相应要素市场的买卖获得,因此一旦企业在某项核心能力上取得领先地位,竞争对手很难在短时间内赶上来。⑥企业的核心能力是动态调整的。如果外部环境发生剧变或管理不善,企业在某阶段的核心能力到后阶段会贬值成一般能力甚至流失,因此,核心能力需要及时地保护、调整和创新。

企业核心能力由不同的要素所构成。我们可以把各项不同于其他企业、为本企业所独有的能力或要素的形成基础归结为五项能力或要素:R&D 能力、创新能力、转化能力、组织管理能力和应变能力,再把它们作为企业核心能力的构成要素。因此,基于核心能力的企业信息化的实施就必须要有助于培养和提高这五种要素的质量,以实现企业信息化的应用价值。

2. 企业核心能力理论研究综述

自 20 世纪 90 年代以来,企业核心能力理论的研究一直是企业管理理论研究的一个热点问题。国外学者对企业核心能力的研究成果大都来自对世界级成功企业的实证分析。国内对企业核心能力的研究最初主要是对国外研究成果的介绍,停留在泛泛谈论现实意义和重要性的阶段。90 年代中期以后,有部分学者开始追踪国外研究成果,并在此基础上进行了一些深入的探讨,得出了一些颇有意义的结论。当然,由于作者的学术背景和所选取的研究样本不同,得出的结论也有所不同,其中比较有影响的有 10 余种[54](表 2-2)。

表 2-2　企业核心能力理论主要观点

观点	内容	优点	局限
技术观 (Prahalad and Hamel, 1900)	不同技能与技术流的整合，企业竞争优势的源泉	强调能力整合，便于组织内外的良好交流与沟通	比较笼统，难以分解，层次感不强
网络观 (Kesler Jones, 1998)	各种技能及其相互关系所构成的网络	强调技能及其技能之间的相互关系，具有可分解性	过分强调技能，对组织文化因素考虑不够
协调观 (Coombs, 1996)	各种资产与技能的协调配置，表现为卓越资产、认知能力、程序与常规、组织结构、行为与文化	强调协调配置	可分解性较差，操作性不强
知识观 (Barton, 1992)	企业独具特色并为企业带来竞争优势的知识体系	强调能力的知识特性，具有明确的能力载体	难以定量和深入分析
文化观 (Barney, 1986; Durand, 1997)	企业独特的难以仿效的有价值的企业文化	强调企业文化对企业的巨大影响	忽视企业技能、营销等其他能力，且不易分解
组合观 (Prahalad, 1993; Coombs, 1996)	企业各种能力的组合，包括战略管理能力、核心制造能力、核心技术能力、核心营销能力、组织管理能力	强调能力的组合，以组合创新过程为基础，比较全面，对企业培育核心能力具有一定的指导性	如果能克服定量难的问题，将具有较大的可操作性
元件-构架观 (Henderson and Cockbum, 1994)	通过企业的构架将若干的能量元组合起来的能力	具有系统性	层次和动态性不强
平台观 (Meyer and Utterback, 1993)	通过产品平台来连接市场的能力，包括市场洞察力、产品技术能力、制造工艺能力、组织能力	通过产品平台连接市场，所包含的每个能力都与市场有关	不全面，对组织文化因素考虑较少
专利技术能力观 (Patel and Pavitt, 1997)	获取专利和显在的技术优势的企业能力	易于定量描述	仅用一项指标衡量，不完全
资源观 (Christine Oliver, 1997)	企业在获取并拥有异质性资源方面的独特能力	强调异质性资源对企业的独特作用	对资源的整合利用等方面强调不够，不易分解、可操作性差
组织系统观 (Coombs, 1996)	企业的技术能力及将技术能力予以有机结合的组织能力	强调技术能力和组织内部管理能力	忽视组织的外部适应能力
层次系统观 (王毅等, 2000)	核心能力存在于企业所涉及的各个层次，由能力元和能力架构组成，能使企业获得持续竞争的优势的、动态发展的知识系统	具有全面性、动态性、系统性和层次性	过于复杂，操作性差

以上观点几乎都是对世界级的成功的大企业经验的总结和提炼。这些结论,虽然各有侧重,但就本质而言,可以概括为四类[55]。

1. 基于技术和技术创新观的核心能力

表 2-2 的技术观、知识观、专利技术能力观等都属此类。普拉哈拉德和哈默最早就是从技术和产品创新角度提出企业核心能力概念的。他们一致认为,企业核心能力是"组织中的积累性学识,特别是关于如何协调不同的生产技能和有机结合多种技术流派的学识[56]"。核心能力的积累过程伴随着企业核心产品和技术的发展过程,它是企业以往的投资和学习行为所积累的企业特定性的专长。这种积累过程涉及企业不同生产技巧的协调,不同技术的组合,价值观念的传递。通过核心能力的积累,组织可以很快发现产品和市场的机会,获得更多的超额的利润。除哈默等人外,梅约和厄特巴克也是持这种观点。他们认为,企业的核心能力在更大的程度上是在产品族创新的基础上把产品迅速推向市场的能力。它包括产品技术能力、对用户需求的理解能力、分销渠道能力、制造能力。他们通过实证发现,企业核心能力与市场绩效之间存在因果关系,企业所面临的竞争状况对这种因果关系产生影响[57]。基于技术和技术创新的核心能力的含义,在目前的研究中用得最为普遍,毕竟技术进步对一个企业乃至社会的影响最大,而且相对于企业的其他能力而言,技术和产品的创新更易测度。有的研究者甚至用企业每年所获得的技术专利来作为衡量企业核心能力主要指标。

2. 基于知识观的核心能力

表 2-2 的知识观、层次系统观、文化观等属于此类。巴顿等就认为企业核心能力是指企业特有的、不易外泄的、能为企业带来竞争优势的知识体系。它包括技巧和知识、技术价值观系统和管理系统[58]。学习能力是核心能力的核心。麦肯锡公司的凯文·科因和斯蒂芬·霍尔等也提出,核心能力是某一组织内部一系列互补的技术和知识的组合,它具有使一项或多项关键业务达到业界一流水平的能力。这一提法,强调了核心能力是以知识的形式存在于企业的各个方面能力中。

3. 基于资源观的核心能力

资源观学派代表人物克里斯汀·奥利佛(Christine Oliver)认为，核心能力是企业获取并利用具有战略作用的特殊资源的独特的能力[59]。这种战略资源具稀缺性、独一无二性、持续性、专用性、不可模仿性、非交易性、非替代性等特征，企业只有拥有了这样的资源，才能在同行业中拥有独特的地位，这种地位来自其在资源识别、积累、储存和激活过程中独特的能力。正是这种能力使企业能在有限的信息、认知偏见、因果关系模糊等条件的制约下，最经济、最合理地配置这些战略资源，从而保证企业获得持续的超常规的利润。

4. 基于组织和系统观的核心能力

表 2-2 的组织系统观、协调观、元件–构架观、网络观等属于该类。该学派认为，核心能力是提供企业在特定经营中的竞争能力和竞争优势基础的多方面技能、互补性资产和运行机制的有机结合。它建筑于企业战略和结构之上，以具备特殊技能的人为载体，涉及众多层次的人员和组织的全部职能，因而，必须有沟通、参与和跨越组织边界的共同视野和认同。库姆斯(Coombs)认为，企业核心能力不仅包括企业的技术能力，还包括将技术能力予以有效结合的组织能力[60]。企业的真正核心能力是企业的技术核心能力、组织核心能力和文化核心能力的有机结合。我国著名学者成思危教授认为，企业核心能力是一个企业将其在技术、管理、文化等方面的有利因素集成而形成的独有专长，既不易被别人模仿，还能不断地扩展到其他领域，开发出更多的新产品和新技术，企业以此占据并保持领先地位[61]。

2.4.2 动态能力理论研究综述

自 Teece 和 Pisan 于 1994 年在"The dynamic capability of firm：An introduction"一文中，提出动态能力以来，动态能力理论越来越多地被学者们所关注。学者们各自从不同的角度对动态能力理论进行了逐步深入的研究，取得了比较丰富的研究成果，研究的范围从动态能力的内涵、特征扩大到动态能力的对企业绩效的影响和动态能力的形成过程。对这十年期间动态能力理论的主要研究成果进行归纳分析，其具体内容综述如下。

1. 动态能力的内涵

关于动态能力的内涵，一个显著特点是虽然许多学者都接受了动态能力这个概念，但是对动态能力的内涵的解释却存在一定的差异。归纳起来有四种。

(1)动态能力是整合、建立和再配置内外部资源和能力的能力。Teece、Pisano 和 Shuen 认为在全球市场上的胜利者是这样一类企业：具有有效协调、配置内外部资源的能力，并显示出及时、快速与灵活的产品创新能力的企业。为了识别作为优势源泉的企业特殊能力的范围，解释竞争和资源的结合是怎样被利用、发展和保护的，Teece 提出了"动态能力"理论来强调开发那些企业现有的和外部存在的能够应付不断变化环境的企业特殊能力。Teece 将动态能力定义为企业整合、建立和再配置内外部能力以适应快速变化环境的能力。动态能力是在动态环境下，挖掘竞争优势新来源的一种逐渐显现出来和潜在的综合理论。Teece 认为"动态"指的是与环境变化保持一致而更新企业的能力，"能力"强调的是整合和配置内部和外部资源的能力，以此来使企业适应环境变化的需要。因此，动态能力是企业整合、建立和再配置内外部能力以适应环境快速变化的能力、是更新企业能力的能力[62]。

(2)动态能力是可以确认的明确流程或者常规惯例。Kathleen 认为动态能力是可以确认的明确的常规惯例(routines)或者流程(process)，动态能力包括：整合资源的动态能力(如产品开发常规惯例，战略决策形成)、重在重新配置资源的动态能力(包括复制、转卖常规惯例，被经理们用来复制、转变和重新组合资源)及获取和让渡与资源有关的动态能力(如知识创新常规惯例，从外部获取常规惯例)[63]。Zott 认为在一段时期内每个企业都通过模仿或试验来改变、选择和保持一个独特的资源配置，动态能力是一系列指导公司资源建构发展的常规程序(process)。动态能力是融入指导企业资源重构、演进和运营常规中的日常组织程序[64]。

(3)动态能力是一种产生多样化业务的知识特性。Subba Narasimha 借鉴生物学的基本原理，即免疫系统具有一种识别多种抗原多样性并在需要时产生相应抗体的能力，从而使人体有能力应对生物环境，提出动态能力是产生多样化的业务的知识特性。知识的有用性来源于头脑的抽象能力，抽象能力帮助人们融会贯通，也就是知识具有跨越时空转移的特性。这样，产生多样化的能力和知识是一致的，动态能力帮助公司具有先动优势,并及时适应动态环境[65]。

(4)动态能力是指企业保持或者改变其作为竞争优势基础的能力的能力。董俊武、黄江圳和陈震红认为,能力可以被作为企业知识的集合,能够改变能力的能力的背后是技术知识。企业改变能力的过程就是企业追寻新知识的过程。改变能力的结果是企业建立了一套新的知识结构[66]。

2. 动态能力的特征

(1)不同的环境下动态能力的特征不同。Kathleen 等学者认为在一般动态市场中动态能力的特征是复杂的,有效的动态能力依赖于现存的知识,可以促进流程的可预见性;在高速变化的市场中动态能力的特征是简单,简单的常规惯例使经理们广泛关注重要的问题,而不是将自己锁定在具体行为或过去的经验的运用之中,有利于迅速地作出决策以适应环境。学习机制和获得经验的速度引导动态能力的进化[64]。Kathleen 的这种观点隐含了一个命题,即动态能力在不同的环境特征下其作用特征不同。这一命题到目前为止还没有任何实证研究成果的支持。

(2)动态能力特征与核心能力相似,并具有开拓性。黄江圳和谭力文认为动态能力在特征上与核心能力有相似之处,如企业的动态能力也具有价值性、独特性等特征。但动态能力理论是改变企业能力的能力,动态能力将焦点放在创新的开拓性动力上。因为倾向于以具有强烈路径依赖的经验性学识为基础的再生性动力,并不能改变能力中的惯性,动态能力只有放在创新的开拓性动力上,才能克服能力中的惯性[66]。

3. 动态能力与绩效的关系

(1)动态能力的三个属性影响企业绩效。Zott 认为动态能力被看成一系列指导公司资源建构发展的常规程序,并且动态能力是融入指导企业资源重构演进和运营常规中的日常组织程序。通过计算机模拟,重点研究了动态能力的什么属性影响绩效,这些属性怎样导致产业内绩效差异的出现。研究结果认为,同一产业的企业绩效的差异,是因为动态能力的三个属性,即配置资源的时机,配置资源的成本和配置资源的学习(模仿)与绩效相关。企业之间在动态能力这三个属性方面差异,引起了企业之间的绩效差异,但这种差异没有长期性。(由于该学者是以计算机进行的模拟研究,所以还没有能够就动态能力的这三个属性对企业绩效产生影响的机理进行具体的研究。)[64]

(2)在不同的竞争策略和不同创新类型下，动态能力对绩效的影响有所不同。张志坚在进行问卷的定量分析后，得出的结论是：第一，动态能力在不同的竞争策略下的确会对绩效产生不同的影响。在合作性策略的影响下，动态能力的内部资产位置优势将影响财务相关绩效和管理相关绩效；在竞争性策略影响下，分析数据则显示，动态能力的程序优势会对财务相关绩效产生影响。动态能力的内部位置优势及路径优势会对管理相关绩效产生影响。第二，动态能力在不同的能力更新因素影响下的确会对绩效产生不同的影响。在科技创新影响下，各项动态能力并不影响财务相关绩效，然而在经营管理创新因素的影响下，分析数据则显示企业在组织结构与管理过程、方式上的创新将增加动态能力对财务绩效和管理绩效的影响力[67]。

2.5　本章小结

本章的主要内容包括以下两方面。

(1)对制造业信息化工程、信息能力、信息化和信息系统的基本概念，以及信息系统发展状况进行总结；对企业核心能力和系统能力、信息化评价、信息系统能力评价的研究现状进行了分析，发现目前绝大多数文献在如何对信息系统能力评价这一问题上都没有进行定量分析，而只是从理论方面分析信息系统功能及构建过程。另外，许多学者只是对企业信息能力、信息化水平等进行了定量的分析和研究，没有文献提出对企业信息系统能力评价的具体方法。

(2)对企业核心能力理论和动态能力理论的研究现状进行了分析，为基于 MIE 环境下，企业信息系统能力与企业竞争优势的研究，以及信息系统能力的评价提供了理论支持。

本章的研究成果一方面从当前理论研究现状的不足论证了开展信息系统能力评价研究的意义，明确了研究价值与方向，另一方面对已有研究理论的分析与掌握也为研究工作的开展提供了重要的理论和方法支持。

第 3 章

基于信息的企业信息系统能力评价研究

本章在第 2 章综述的基础上，深入分析和探讨了信息化与企业核心能力的关系、企业信息系统能力与企业竞争优势的关系，总结出企业获得竞争优势依赖于信息化建设的成败；信息化建设的成败依赖于信息系统；而面对瞬息万变的环境，信息优势不容忽视。要想获得信息优势，这要依赖于信息系统对信息的获取能力。因此，本章从信息角度找到企业信息化建设中出现的问题，针对该问题，以企业信息管理理论为基础，结合信息系统的概念和组成结构，定性地分析构建了企业信息系统能力评价模型。

3.1 企业信息化与核心能力定性研究

3.1.1 定性研究的基本理论基础

信息的概念尽管使用极为广泛，但到目前为止，人们还没有形成一个统一的认识。至今为止的考证，对于"信息"一词最早使用的是我国唐代诗人李中，他在诗《暮春怀故人》中有"梦断美人沉信息，目穿长路依楼台"的诗句，其中"信息"是音信、消息的意思。早期西方出版的许多文献中，"信息"(information)和"消息"(message)是互相通用的。随着电信技术、计算机技术的发展，逐渐出现"信息就是信号""信息就是数据""信息就是情报"等说法。现代意义的信息是 1948 年美国学者维纳(Wiener)在《控制论——动物和机器中的通信与控制问题》和美国学者香农(Shannon)在《通信的数学理论》中分别提出来的，并成为信息科学研究的基础。

关于信息的概念，国内外学者分别从不同的学科领域对其进行描述。例如，Tricker 和 Boland[68]、Buckland[69]、Tague-Stucliffe[70]、Stone[71]、邹志仁[72]、黄梯云[73]、钟义信[74]、薛华成[75]、谢阳群[76]等分别从计算机领域、信息资源管理领域、图书情报领域、管理信息系统、通信和信息科学、信息管理等领域对信息的定义进行了较为系统的归纳和梳理。现代意义的信息，是全信息或者三个层次的信息。所谓全信息[76]，是同时考虑事物的运动状态及其变化方式的外在形式、内在含义和效用价值三个方面的认识论层次上的信息，全信息中与形式因素有关的信息部分称为"语法信息"，与含义因素有关的信息部分称为"语义信息"，与效用因素有关的信息部分称为"语用信息"。

　　许多国内外学者在研究信息概念的基础上，剖析了信息的特征和性质。钟义信[74]、薛华成[75]、谢阳群[76]等分别从不同角度进行了一定的总结。从一般意义上看，信息的基本特征包括：信息源于物质，却非物质本身；信息产生于物质运动，却能脱离物质而寄生于载体相对独立存在；信息可源于精神世界却不限于精神世界；信息与能量息息相关，却与能量存在显著差异，数据(data)、信息(information)、知识(knowledge)和情报(intelligence)组成一个金字塔模型，数据是信息的表现形式，而信息、知识、情报是抽象的内容本身，三者在一定条件下可以相互转化；信息是具体的，可以被人和机器所感知、提取、识别、传递、存储、变换、处理、显示、检索和利用；信息可以被复制、传播或分配而被共享；信息具有普遍性、客观性、无限性、寄载性、动态性、传递性、扩散性、变换性、时效性、不完全性、可伪性、等级性、非对称性、共享性、增值性等性质。从管理的角度看，信息的性质具有重要的作用。例如，等级性是指不同等级的管理要求不同等级的信息，战略、战术、作业层次的管理要求的信息各不相同，实际工作中战略、战术、作业等不同层次的信息也要求不同的管理；扩散性是指信息天然具有冲破保密的非自然约束，通过各种渠道和手段向各方传播，实际工作中不同信息的扩散应熟虑保密和公开的平衡；增值性是指一定目的的信息随着时间的推移而丧失价值，但可能对于另一种目的或另一种情境又呈现价值，信息价值往往是信息量变演化为信息质变的结果。信息之所以重要，在于信息具有知识的来源、决策的依据、控制的灵魂、思维的素材、管理的基础等多方面的作用。

　　企业信息管理的研究对象是企业的信息管理活动，目的是开发和利用信息以便发挥信息的作用。信息概念、特征、性质和作用是从定性的角度认识信息，倘若要完整地发挥信息的作用，离不开对信息进行定量分析。定量分析信息涉及信息的分类和测度问题，许多学者基于不同的目的和出发点、按照不同的准则和方法对信息分类和测度进行深入的研究[74,75]，企业信息管理属于组织层次信息管理的研究领域，信息不仅是管理的手段，而且是管理的对象。许多学者对信息管理内涵、发展历程、层次和范围、内容进行了研究[77~79]。实际上，企业信息管理涉及企业内部的两个循环过程，通过信息流来控制企业内部及内外之间的能流、物流、资金流、人员流、技术流和通过控制与这些流相对应的资源来控制信息流，两者相互补充，如图 3-1 所示[76]。

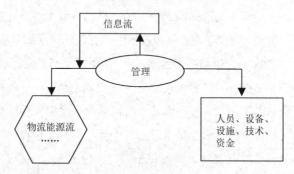

图 3-1　企业信息管理过程

虽然信息早就有之，但是现代意义的企业信息管理却源于 20 世纪，全球经济的发展，世界市场的一体化，通信技术的规模应用，超强竞争态势的形成，组织机构的演化，新技术的层出不穷，推进企业信息管理不断深入。信息管理的发展经历四个主要阶段：文献管理阶段、技术管理阶段、信息资源管理阶段、知识管理阶段[76]，如表3-1 所示。

表 3-1　信息管理的发展阶段及其特征

时间	阶段	性质	主体	技术	客体	内容	特点
1950 年之前	文献管理阶段	公益性	政府、私人和教会	手工操作、笔与纸张、机械操作	纸质信息	物理载体的收藏与保管	重藏不重用
1950~1980 年	技术管理阶段	渐向赢利性、社会化方向改变	企业和政府将信息技术用于信息处理	向自动化方向发展，集中处理	纸质信息为主，电子信息为辅	信息技术设备的购买与配置	重视技术设备而非信息本身，逐渐认识到信息利用的重要性
1980~1990 年	信息资源管理阶段	公益性、赢利性	政府、企业及其他机构，社会化信息服务组织大量兴起	自动化操作，个人计算机和电子网络普及，分布处理信息	纸质信息与电子信息并重	信息本身的综合管理	信息是一种资源，管理是开发和利用的前提，信息管理需要利用一般管理的原理和技术，信息活动产业化，关注信息环境优化

续表

时间	阶段	性质	主体	技术	客体	内容	特点
1990 年以后	知识管理阶段	公益性、赢利性	政府、企业、其他各种机构和个人	电子化自动化网络化知识化智能化	电子信息爆炸式增长，纸质信息却未消失	信息内容管理，智能扩张，人与自然、社会之间关系的和谐	信息转化为知识，知识是一种重要的资源，获取知识、传递知识、利用知识是推动社会前进的强大动力，知识产业空前壮大，终身教育和学习蔚然成风

　　20 世纪 80 年代，信息管理研究如火如荼。例如，国外学者 Martin[80]认为，信息是竞争优势和利润的源泉，信息管理是促进富有价值的资源通过标准化的管理和控制过程实现价值的活动，信息管理应致力于信息利用为组织的目标服务，信息管理绝非单一的管理信息系统；同时，信息管理是对信息资源进行规划、预算和决策的过程。Cronin 和 Davenport[81]从直觉入手，运用模型、隐喻、转喻及相关方法，提出信息财产的概念，认为企业竞争优势主要源于对内部信息和外部信息的分析、综合和管理。Stroetmann 等[82]认为信息管理是对信息资源与相关信息过程进行规划、组织和控制，是一种沿着价值链的信息资源管理，而信息资源包括信息内容、信息系统和信息基础结构三部分。国内学者大多是从信息技术和信息系统角度研究企业信息管理，如黄梯云的《管理信息系统》[73]、薛华成的《管理信息系统》[75]等，但也有少数学者研究内容不限于信息技术和信息系统。例如，符福垣[83]从管理学角度研究信息管理问题，涉及信息管理的哲学范畴、信息管理的科学决策、信息管理的领导艺术、信息管理工程、信息管理的技术和方法等；党跃武[84]运用大众传播的理论和方法研究信息管理问题。进入 21 世纪，企业信息管理理论进一步向集成化和网络化方向发展。中国工程院工程管理学部"管理科学的历史沿革、现状与发展趋势"课题组对传统信息系统的不足和传统管理的现状进行了分析和总结[85]，归纳总结知识管理、企业转型、价值链管理、面向虚拟组织的人机智能决策系统等新方法，指出信息管理发展的内在实质和主流方向是网络化、智能化、价值化、人本化和集成化。霍国庆[86,87]研究战略管理和信息管理的融合，提出企业战略信息管理的理论模型；王伟军、黄杰和李必强从集成的角度[88]，针对信息管理的表现和现状，阐释信息管理集成的内容和原理，强调信息资源

管理集成、信息管理技术集成、信息系统集成，以及信息管理集成实证分析与示范应用是发展方向。刘平探讨企业信息资源管理模式[89]，强调信息管理的核心问题是价值。周晓燕和孙青归纳和梳理国内外信息管理研究的流派和研究框架[90]，认为网络信息资源的相关研究、信息技术在信息管理中的应用研究、信息技术对管理变革的影响是信息管理理论的发展趋势。胡昌平和向菲从企业流程管理出发[91]，研究企业信息资源集成化管理问题。同时，企业信息管理理论研究向知识管理方向发展，第二代知识管理成为信息管理的研究热点[92~96]。

3.1.2　以企业信息化促进企业核心能力提升

企业的信息化建设不是意味着只添加一些昂贵的机器与设备，或是把手工报表用机器打印出来。它是对企业深层次的改造，是一项重构企业基础的系统工程。现代企业理论认为，企业的构成要素包括人力资源、生产资料、资金和信息资源，企业的人、财、物的流动，相应地都要产生信息的流动，信息资源作为知识经济时代企业的重要的战略资源，是企业可持续发展的重要资源。

首先，信息化有助于 R&D 能力和创新能力的培养与提升，表现为有助于加快企业产品和技术创新，提高差别化。而企业保持在产业中的与众不同的特色，即"差别化"，是培育和保护企业核心能力的关键途径之一。

由于 Internet 的发展，全球信息获得前所未有的跨地区、跨国界流动。信息的流动创造了无限商机。尤其是电子商务在企业经营管理中的广泛应用，缩短了企业与消费者的距离，极大地提高了企业获取新技术、新工艺、新产品、新思路的效率，给消费者和企业提供了更多的选择消费与开拓市场的机会，使企业与供应商及客户建立起高效、快速的联系，从而提高了企业把握市场和消费者了解市场的能力，使企业能迅速将消费者的需求变化及时反映到决策层，促进企业针对消费者需求进行研究与开发活动，及时改变和调整经营战略，不断向市场提供差别化的产品和服务，形成不易为竞争对手模仿的独特竞争优势。

其次，现代信息技术与制造的结合所形成的各种企业信息技术，如计算机辅助设计（CAD）、计算机辅助制造（CAM）、计算机辅助工艺编制（CAPP）、柔性制造系统（FMS）、敏捷制造（AM）、计算机集成制造系统（CIMS）等，实现了企业开发、设计、制造、营销及管理的高度集成化，使企业生产经营趋于并行、敏捷、智能和虚拟化，极大地增强了企业生产的柔性、敏捷性和适应性，使之更为精良、灵活、高效。此外，集成制造技术在产品设计开发中的扩散和渗透，将稳定产品质量，大规模替代复杂工艺，使企业工业化大生产转变为工业化精细生产。其结果不仅使企业"个性化、多品种、小批量"的生产和服务成为可能，而且使过去不能灵活转变的规模生产(如汽车、彩电等)面临退出历史舞台的生产模式重新焕发了青春。具有规模经济的制造业生产线现在可以根据顾客对产品的不同要求，提供更快捷、更简单和更便宜的多样化产品。信息技术的这一功能，与其说是迎合了愈演愈烈的顾客独特需求趋势，不如说它创造了这种大规模生产的独特需求市场，反过来又促进了企业更高层次上的产品和技术创新。这进一步说明信息化有助于企业 R&D 能力和创新能力的培育与提升，也有助于组织管理能力和应变能力增强。

最后，信息化有力地促进了管理创新，极大地促进了企业组织管理能力的提高。

发展、竞争和变化是绝对和永恒的，一个企业要保持和增强竞争优势，就必须善于总结和提高，永远追求卓越，不断超越自我，不断进取和创新，而信息化有力地促进了企业的管理创新。

以信息技术促进管理创新的有力工具就是企业资源计划(ERP)和客户关系管理等。企业核心能力不单是在生产控制和产品设计过程中，它还体现在内部管理机制和市场运营的整合上。美国一些国际领先的跨国公司像 GE、GM，一开始对互联网并不敏感，可是他们一旦应用互联网，无论采购成本，还是营销成本，都可以降低20%~40%。市场就是靠成本竞争、网络技术大大推动了管理创新，通过降低企业成本提高经营效率和效益。

传统的组织结构存在多等级、多层次、机构臃肿、横向沟通困难、信息传递失真、缺乏活力、对外界变化反应迟缓等弊端。20 世纪 90 年代以后，由于市场竞争加剧，顾客需求多样化、个性化及社会环境的变化，企业面临日益复杂动荡的市场环境，传统的企业管理模式已不能适应。而信息技术的飞速发展，从根本上改变了组织收集、处理、利用信息的方式，从而导致组织形式的巨大变革，推动了业务流程再造乃至组织结构的重构。原有的塔型结构为精良、敏捷、具有创新精神的扁平化"动态网络"结构所取代。在这种结构中，一方面计算机系统将取代中层监督和控制部门的大量职能，加强决策层与执行层的直接沟通，使中层管理的作用大为降低，从而减少了管理层次，削减了机构规模；另一方面，各种"工作小组"将成为企业的基本活动单位，管理方式从控制型转为参与型，实现了充分授权。这种组织形式通过水平、对等的信息传递来协调企业内各部门、各小组之间的活动，实现了动态管理，不仅使信息沟通畅通、及时，降低对各层的监督协调成本，使市场和周围的信息同决策中心间的反馈更加迅速，提高了企业对市场的快速反应能力，而且极大地调动了组织成员的潜能和积极性，促进了相互间知识和经验的交流，形成学习型组织，从而更好地适应竞争日益激烈的市场环境。

3.2 信息系统能力与持续竞争优势定性研究

3.2.1 信息系统能力定性分析

在企业管理中，存在着人事、物资、设计和能源、资金、信息五类资源，前四类资源是有形的物质资源，信息资源则是相对无形的概念资源。管理者的任务就是管理这些资源以便最有效地利用它们。显然，从不同的角度可以看到不同的资源管理模式，但企业的信息管理则常常立足于这样的出发点：通过对信息资源的直接管理来实现包括信息资源在内的所有资源的管理。或者说，离开信息资源的管理，整个企业全部资源的管理是难以成功或难以奏效的。

事实上，管理者对信息管理真正价值的理解主要有两种原因：一方面是企业生存环境的变化。世界经济对企业市场营销、竞争范围等多方面的影响；日益复杂的技术给企业带来全方位的压力；紧缩的时间表使传统观念的缺陷暴露无遗；社会的限制又使企业面对新的机会难以权衡。由于这些复杂而难以确定的因素，企业面临一个不断变化的生存环境，越来越多的管理者意识到，在"剪不断，理还乱"的管理困惑中，信息资源的管理是顺畅的"摸瓜之藤"。另一方面，以计算机并行技术和数据通信网络技术为代表的信息技术，使企业组织中不同部门并行工作成为可能，即使远隔千山万水，设计工程师、制造工程师、市场营销专家也能够同时看到同一份设计图、生产流程计划或者市场营销方案。同时，信息技术让不同企业之间更有效地共同合作，并有可能使查尔斯·萨维所倡导的虚拟企业、动态协作和知识联网成为普遍。

20 世纪 90 年代迎来了后网络时代，这个时代给予所有涉及者以广泛关联并且出现中心转移。网络为企业管理提供了实时或近乎实时的信息,大大降低了行业进入成本,但同时也使得与决策相关的竞争环境变化频繁、剧烈却难以预测;网络连接了分布式的企业,供应链、虚拟企业等的出现使企业比过去更为复杂。

尽管面对变革难以预测的市场环境,企业很难决定业务过程变革的方向、程度或者模式。然而,无论是对现有业务过程进行调整还是创建新的业务过程,都必须依据外部环境变革需要来进行。因此,企业在其对业务过程进行构建前,不仅需要及时了解消费者需要、市场状况、行业特色及竞争趋势等相关因素,更需要对自身的竞争优劣势进行掌握,从而才能够保证业务过程设计的可操作性。作为传递信息和沟通信息的有效途径,信息系统自然成为实现以上因素紧密结合的"桥梁",其具体功能体现为[97~99]:

(1)信息系统可以利用新的信息技术改变制造企业的业务过程模式,为其变革和调整提供更多的选择途径。网络技术的应用可以改变业务过程的模式,实现供应者、消费者及合作者与组织相关部门之间的直接沟通,可以加快信息在企业内的流通,消除企业多余的信息传递环节及传递中的信息缺失、失真现象。

(2)信息系统能够突破地理位置的限制和跨越组织边界,实现信息的传递和沟通,这不仅有利于企业对自身的发展状况、行业定位、竞争优劣势及市场结构有一个更为全面的了解,更能够拓宽企业业务过程涉及的范围,使企业跨组织之间的业务合作成为可能。

(3)信息系统能够帮助制造企业实现组织过程的柔性。无论是跨部门所组建的项目组,还是与外部企业之间的合作竞争都对传统刚性组织模式提出质疑,柔性成为业务过程变革的目标之一。信息系统则能够帮助企业及时掌握组织内外信息,实现跨部门、跨区域之间的合作,更有利于提升业务过程的灵活性。

3.2.2　信息系统技术在核心能力培育中的具体应用分析

从一般意义上讲,从操作层面考察,企业信息化主要表现为信息系统技术的应用。下面探讨信息系统技术在核心能力形成过程中不同阶段的具体作用对象与作用模式。

一般来说,核心能力的形成分三个阶段:第一阶段是由标准的资源形成有效的工作业务;第二阶段是由有效的工作业务形成能力;第三阶段是由能力形成核心能力。

这三个阶段的转换过程具体体现为三种不同类型的学习，即一般学习、能力学习和战略学习。从资源到核心能力需要经过三个阶段的转变和学习才能形成，随着信息系统技术在企业中日益广泛和深入的应用，它不仅能有效地帮助企业形成自己的核心能力，而且有可能成为企业核心能力的重要组成部分。

1. 一般学习阶段信息系统技术的应用

一般学习阶段追求的是工作业绩的静态效率。因此，应鼓励个人和群体努力尝试和寻求各种方法，不断改进工作效率。这里信息系统技术的应用不仅可以使学习更加容易，而且能帮助将知识传播到所有需要学习的个人和群体。例如，可提供这样一些具体帮助：

(1)支持企业的工作业务开发过程。通过信息系统技术的应用能在利用新资源上简化所需要的摸索和试验，特别是对新的信息资源和信息系统技术本身更是如此。

(2)分担工作业务。信息系统技术可以为群体及群体和群体间的通信提供方便，使原来由一个人完成的工作业务现在由多个人来分担。通常这会成为一项新的、更有效的工作业务，这与一般学习阶段的学习目标紧密相连。以群体方式进行的所有形式的技术与这些目标均有关，即使是电子邮件这样一种简单的、直接的信息技术应用，也能非常有效地帮助不同的、乃至于地理上分散的个人或群体一起有效地工作，分担工作业务，提出不同的工作业务。

2. 能力学习阶段信息系统技术的应用

能力学习阶段是将工作业务通用化、一般化，从而了解和掌握其本质，并将其与组织方法结合起来形成能力。该学习阶段最重要的任务是从一般学习阶段中形成的、局部的结果中找出能力。通用化、一般化的含义是不去考虑一些细节的方面，而是根据其本质特征来描述能力，也就是将所形成的局部性的工作业务的内容通用化、一般化。信息系统技术在此过程中可提供以下几个方面的支持：

(1)支持企业的能力开发过程。

(2)支持能力共享。能力共享的目的不是在于帮助形成新的能力，而是将能力传播到组织内的各个部分，从而帮助有效地交流和共享组织内的包括能力在内的各项内容。

(3) 帮助对方法和能力进行思考、试验和培养。为了让整个组织能获得方法和能力，这些方法和能力不仅需要被共享和传播，而且需要被理解，进而被有效学习。这种理解是了解它们为什么工作，其本质内容是什么。可以用多种方式应用信息系统技术来达到上述目的。例如，通过仿真或专家系统，或通过建立各种决策支持系统，可以帮助简化和减少试验工作。

(4) 支持和帮助能力的扩散。应用信息系统技术可以帮助企业共享全局性的知识。例如，美国一个大的连锁百货公司，它应用信息系统技术，使其 1 500 多个分店的经理可以与采购中心有经验的采购人员共同进行决策。由此带来的结果是采购决策作得更正确。之所以如此，是因为这种决策方式既考虑到了分店经理所在地区市场的特点，又考虑到了中心采购部门规模经济的要求及中心采购人员的经验知识。同时，分店经理还由此学到了采购知识。这实际上为该公司开发出了新的能力，即分布式的采购。

3. 战略学习阶段信息系统技术的应用战略

学习阶段解决的问题包括核心能力的识别和随着环境的变化分析需要什么样的核心能力。为此，一方面要确保能将能力与环境条件和企业的业务职责进行有效的比较；另一方面要明确企业能力是如何帮助形成核心能力的，以及形成核心能力的强弱程度。同时要让所有个人和群体都很好地了解核心能力是什么，为什么它们是核心能力，它们的作用如何等。信息系统技术可以从下面两个方面为战略学习阶段的管理和学习提供支持：

(1) 信息系统技术的应用能帮助提供竞争环境方面的信息。竞争环境方面的信息是与核心能力的识别、组织方法的变化乃至于业务职责的再思考均有关。信息系统技术的应用可以大大地方便对这些信息的获取，从而使管理活动更加有效。例如，应用信息系统技术可以存储竞争对手在市场上采取行动的信息。

(2) 信息系统技术的应用能帮助企业内的人们更加全面、及时、准确地了解业务职责。例如，在某制造厂用显示系统将所有质量信息均显示出来，从而可以促使企业中的个人和群体的工作与企业当前的业务职责相一致。

从上面的分析可看出，信息系统技术能给核心能力形成过程中的各个阶段提供支持，全面有效地帮助企业形成自己的核心能力。

企业信息化可以从管理创新、技术创新和企业制度创新等方面，通过对企业核心能力各要素质量的培育来促进与提升企业核心能力。在具体操作层面，企业信息化在核心能力形成的各个阶段可以有不同的作用对象与模式，从而全面地促进与提升企业的核心能力，为企业获取可持续的竞争优势提供强有力的保障。

3.2.3　信息系统提升企业竞争优势分析

随着人类向信息社会的迈进，世界竞争优势的夺取已越来越依赖于信息化。世界上大到整个国家，小至某个部门都在努力完善自身的信息基础设施，促进自身的信息化进程以适应竞争的需要。对于在复杂多变、竞争残酷的市场环境中求生存、求发展的企业来说，信息化更加是决定企业能否突围而出，赢得胜利的一项关键因素。

信息系统能力评价之所以成为研究的重点，很重要的一个原因在于它与企业的效益和竞争能力之间的正相关关系。企业之所以能够在竞争中不断胜出，其根本原因在于这些企业所具有的较高的信息系统能力。正是因为较高的信息系统能力，这些公司才能够不断将信息系统融合于企业的日常管理经营中，不断推出领先竞争对手的在信息化方面的应用，从而形成相对于对手的竞争优势。企业信息系统能力会影响企业的竞争优势。因为信息系统能力难以被复制，所以信息系统能力越强，企业的竞争能力和优势就越明显。通过对公认的信息系统能力较强的公司和一般公司的对比分析，证明了信息系统能力和企业竞争优势相关。而企业的信息系统的信息能力和管理技能既处理信息的效能水平，因为各种原因在企业间的分布并不均衡，而且很不容易转移和复制，因此能够给企业带来长期的竞争优势。信息系统能力的作用机制之所以重要，是因为具体的信息系统能力集合在一起，指导、支持着企业的竞争性实践活动，企业因此获得了最终的竞争优势。

而信息技术之所以重要，是因为综合了各种信息技术的，并体现了先进管理思想的各种具体信息系统应用能够提高企业在各方面的运作效率。例如，ERP 软件的成功应用能够有效地提高企业的生产效率，降低企业在各方面的支出；供应链软件的应用能够提高上下游伙伴之间的协同，降低企业的库存并增强企业对于外界环境变化的反应。而运作效率的不断提高实际上就代表了企业能力的不断提高。在竞争对手竞争力保持不变或者进步较慢的情况下，这种不断提高就有可能造成企业相对于竞争对手的竞争优势。

　　企业之所以能够领先于竞争对手，是因为这些企业能够不断推出具有竞争优势的信息系统。作为企业信息化建设的重中之重，各类信息技术应用项目构成了企业信息化竞争性实践活动的主要内容，甚至是全部。因此，信息系统能力主要是通过信息化应用来形成竞争优势的。

　　企业信息化所涵盖的内容十分广泛，但就其具体实现来说，最为关键的一项内容是建立企业信息系统。应该说企业信息化促使了企业信息系统的建立，而企业信息系统的建立保证了企业信息化的实现。那么企业建立的信息系统到底如何来提升企业的竞争优势呢？从以下四个方面来看：

　　(1)信息系统支持的产品和服务。当企业用信息系统提供难以复制的产品和服务，或提供面向高度专业化市场的产品或服务时，它们就能提高竞争者的入市成本。这些战略信息系统可以防止出现以牙还牙的竞争，而使具有差别性产品和服务的企业不必靠成本竞争。

　　(2)信息系统支持市场定位。信息系统通过加工数据、提供数据来提高公司的销售与日常经营技术，从而能为公司带来竞争优势。这种系统将组织已有的信息作为资源，组织可在信息中"淘金"以增强盈利能力和市场渗入。

　　(3)利用信息系统使企业与客户和供应商紧密相连。通过"套牢"顾客和供应商，信息系统能对抗外部竞争威胁。战略信息系统能使变换商业关系的成本(客户"跳槽"到竞争对手的产品或服务所发生的)令客户不能承受。例如，美国联邦快递公司为其20 000名最佳客户免费提供连接着公司总部的个人电脑。发件人利用FEDEX系统，能用电脑查询他们每日发出的包裹状态。那些由于业务规模小而不能得到免费电脑的客户也能得到免费的FEDEXSHIP软件，在他们自己的电脑上使用该软件来查询包裹状态。使用FEDEX公司的包裹跟踪系统所带来的方便打消了客户的"投敌叛逃"的动机。

　　(4)信息系统支持降低成本。除了能够改变企业与其市场、客户、供应商之间的战略关系，有些战略信息系统还有助于内部作业、管理控制、计划和人事工作。说这类系统是战略性的，是因为系统帮助公司显著地降低其内部成本；让公司以低于竞争者的价格(有时以更好的质量)提供产品和服务。这类系统有助于公司的生存和繁荣。

　　综上所述，信息系统一方面能改变企业同外部环境因素(新产品和服务客户、供应商)之间的重要均衡局面，另一方面对组织内部运作具有战略意义。这些内部和外部的战略性变化共同改变公司的竞争优势。通过迅速地改变竞争的基础，战略性信息系统抵消了外部竞争压力。但要注意的是信息系统与竞争优势之间并无必然联系。它们二者也不存在成正比的关系。信息系统是作为辅助实现竞争策略从而实现竞争优势的工具而存在的，对这一工具的正确运用和良好的驾驭就能实现竞争优势，反之，则可能带来相反的效果。因此对于信息系统的能力必须进行正确的评价才能使其促进企业持续竞争力的提升。

3.3　基于信息的信息系统能力评价模型构建

3.3.1　从信息角度分析企业信息化存在的问题

企业信息化是一个循序渐进的过程。从目前看，这个过程一般要经历四个阶段：一是基础设施准备阶段，包括必需的计算机硬件设备，在企业内部搭建计算机通信网络，建设自己的局域网，或根据企业自身特点，建设一个具有一定覆盖面的广域网，为企业信息化建设奠定物质基础；二是网络办公阶段，这一阶段的着眼点是提高工作效率，降低成本，加强控制，提高内部管理水平；三是建设企业核心业务管理和应用系统阶段；四是电子商务阶段。如果以上这些仍然算作企业信息化的基础平台的话，那么信息化的较高阶段则是针对企业经营过程中三个直接增值环节来设计的，即产品生命周期(Product Lifecycle Management，PLM)、客户关系管理(CRM)、供应链管理(SCM)、并整合集成电子商务系统，使客户、厂商、供应商协同起来，实现一体化，提高企业竞争力。

(1)数据管理和数据安全方面的问题。数据管理是企业基础管理的重要内容，是企业信息化建设的重要前提和基础，不仅工作量大，而且工作质量的好坏，直接决定企业信息化建设的成效。由于情况不断发生变化，如管理标准、产品标准不断改进，数据代码编制不够统一、完整，操作性不强，数据采集、录入制度不够规范，数据更新调整不及时，管理不科学，日积月累，数据中出现不少错误，形成隐患。另外，网上数据安全性也缺乏保障。这些问题的出现，既有软件设计上的原因，也有管理方面的原因，都亟待解决。

(2)网络性能已不能满足应用快速发展的需要。由于网络应用快速增长，入网计算机日益增多，业务繁忙，信息传输量大，对网络的传输率、响应时间、安全性、可靠性、灵活性提出了更高的要求，原有的网络系统已不适应这些新的要求，必须进一步改进。此外，随着信息技术和 Internet 实现商务活动，使信息流、资金流、实物流迅速流动，是国际市场上出现和发展起来的新型贸易方式。改变传统的商贸手段和管理手段，发展电子商务，提高企业运营效率，也是企业做大做强的重要战略。建设一个灵活高效的计算机网络系统是实施这一战略的重要物质基础。

3.3.2　从信息角度构建信息系统能力评价模型

1. 企业信息

企业信息是指反映企业管理过程中的活动特征及其发展变化情况的各种信息情报、资料等。一个完整的企业信息系统通常应包括原材料采购、产品生产、产品入库、财务、销售、人才、市场等部门的各方面信息。一般来说，可以将企业信息资源分成内部资源、外部环境和市场资源。

(1) 企业内部信息资源。具体包括企业基本情况、企业财务情况、组织能力、产品组合、人员素质、竞争地位、设备状况、市场营销能力、研究和开发能力、目标策略等。

(2) 企业环境信息资源。具体包括国家形式、国内经济走向、产业政策、技术发展状况等。

(3) 企业市场信息资源。具体包括企业市场竞争焦点、市场需求、市场需求的影响因素、市场客户信息、生产要素供应渠道等。

2. 企业信息系统的内涵及构成

从技术角度对信息系统的定义是：为了支持组织决策和管理而进行信息收集、处理、存储和传递的一组相互关联的元素。除了用于数据处理、支持决策、协调和管理，信息系统还可以帮助经理和员工分析问题，观察复杂的事情和创造新产品。信息系统既可以是计算机系统也可以是人工系统。本书所说的"信息系统"是指计算机信息系统。从企业经营和管理的角度看，信息系统不是真空中运行的、带有输入—处理—输出功能的机器，它是组织和管理上针对环境带来的挑战而做出的基于信息技术的(解决问题)方案。

企业信息系统的建立是以企业生产活动中的物质流和伴随物质流产生的大量信息流为基础的。不同的企业，由于其物质流与信息流的过程有所不同，所以其信息系统的构成或者构成环节的重点有所不同。一般来说，企业信息系统可包含以下一些内容。

从信息系统的功能实现的角度来看，可分为以下两种。

1)支撑系统

(1)计算机网络系统(Internet 和 Intranet)。

(2)数据库系统。

2)功能系统

(1)企业管理信息系统(MIS)，包括：

①业务管理信息系统。该系统是信息集成的核心，主要包括基础数据管理，战略规划、经营计划、生产计划的制订，采购管理，市场分析，库存管理，销售管理，财务管理等。实现这一系统的技术通常有制造资源计划(MRPII)，准时生产、最优生产技术(Optimized Production Technology，OPT)、网络计划法等。

②人力资源管理系统。

③客户服务支持系统。

④办公管理系统。

⑤决策支持系统。

⑥信息交流系统。

(2)计算机集成制造系统(CIMS)，包括：

①产品设计和工艺设计自动化系统。

②制造自动化系统。

③质量保证系统。

以上所有这些系统之间通过管理信息系统进行信息集成，从而实现数据通信和信息共享。

从企业的组织层次的角度来看，可分以下几点。

(1)战略层系统，包含有高级经理支持系统(Executive Support Systems, ESS)。

(2)管理层系统，包括：

①管理信息系统(MIS)。

②决策支持系统(DSS)。

(3)知识层系统，包括：

①知识工作系统(Knowledge Work Systems, KWS)。

②办公自动化系统(OAS)。

(4)作业层系统，包含有事务处理系统(Transaction Processing Systems, TPS)。

3．从信息角度构建企业信息系统能力评价模型

现有的研究文献中，研究者主要依据信息化的概念、特点和内容，从项目/系统效益评价、项目管理、信息化的水平、信息化的绩效和效能等方面探讨评价指标体系；从企业对环境及内部信息资源的开发和利用，评价信息人才、信息机构与信息设施、内外环境信息源和信息活动能力四个方面的内容；根据制造业信息化工程的特点，构建了制造业信息化实施能力评价指标体系，主要针对实施系统以现有企业基础状况要求为评价内容，包括管理基础、技术资源、运作绩效和竞争约束四个方面。

企业的生产经营活动大体可由两个运动过程构成，即工程链和管理链。工程链包括产品开发、生产及进行过程中的各种技术设计研制活动。管理链由市场预测、原材料采购、生产计划、能力平衡、物料控制、作业调整、工况收集与统计、任务分配、销售供应、服务等生产销售指挥活动组成。从管理意义上讲，企业的所有生产经营活动，实质上都是信息的传递和加工过程。企业的人、财、物的流动，相应地产生了信息的流动。在当今时代信息资源是企业最重要的战略资源。谁能及时获得正确的信息并能依据此信息进行决策，谁就能在竞争中求得生存和发展。

信息优势是企业在未来市场竞争中生存和立足之本。创造信息优势，并不是指企业拥有信息的多少，而是指企业拥有多大的获取关于市场分析、经营状况、决策支持及新产品开发的信息和宣传商品的能力。这些能力体现在企业科学地对信息进行加工处理及利用的能力上，也就是掌握基础数据的收集、管理、处理方法，提高对信息的管理水平和对信息的利用率。随着信息处理量的增大，手工处理方式显然已经远远不能满足人类生产活动的需要，计算机将成为信息处理的主要工具。企业要在经济竞争中发展，必须建立其信息优势，建立新一代功能更加强大的企业管理信息系统。

本书从信息角度全面评价制造业信息化工程的信息系统能力，从两个方面分别给

出了信息能力、效能水平评价指标体系，实现定量评价企业信息系统的能力，丰富了信息化评价内容，推进制造业信息化进一步发展。

信息系统是指能够进行数据收集、加工处理、检索查询、存储和传输，并能够提供有用信息的系统。信息系统一般由信息源、信息处理器、信息接收器和信息管理者组成。其组成和相互关系如图 3-2 所示。

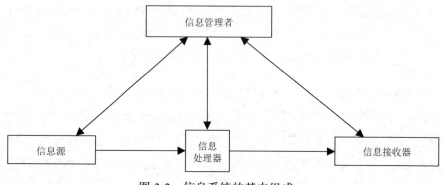

图 3-2　信息系统的基本组成

（1）信息源。它是指被系统采集和录入的原始数据来源。按照企业系统边界划分又可以分为内部信息源和外部信息源。内部信息源产生于企业内部自身的系列活动，如生产、人事、销售、财务等方面的信息；外部信息源主要产生于企业涉及的外部环境，如国家经济政策、同行业竞争、市场需求等方面的信息。

（2）信息处理器。广义的信息处理器是指某获取数据并将它们转换成信息，向信息接收器提供这些信息的一套完整的装置。具体地讲，它是由数据采集、录入、变换、存储和检索等一系列实际装置组成的。

（3）信息接收器。它是指信息系统输出信息的接收装置。一般来讲信息系统的输出有两大去向：一是用户，一是存储介质，如磁带、磁盘、光盘等。

（4）信息管理者。它是指负责信息系统本身分析、设计、实施、维护、操作和管理的人员。

从上面的分析和研究中，我们看出信息是企业信息化建设中的基础，信息管理对于信息系统来说是非常关键的，直接决定企业信息化建设的成效。本书对信息系统能力评价主要集中从信息的角度和信息系统概念出发，对信息系统处理信息的状况来分析信息系统能力，并采用定量的方法进行分析和研究。企业信息系统能力评价模型如

图 3-3 所示。

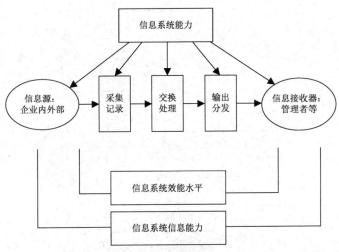

图 3-3　企业信息系统能力评价模型

从信息的角度，本书从信息系统的信息能力和效能水平两个方面对信息系统能力给出了定性分析与定量表达方式。具体分析和讨论将分别在第 4 章和第 5 章中论述。具体的研究思路如图 3-4 所示。信息系统能力评价达到的效果如图 3-5 所示。

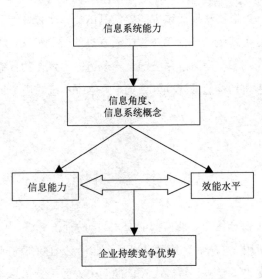

图 3-4　信息系统能力评价研究思路

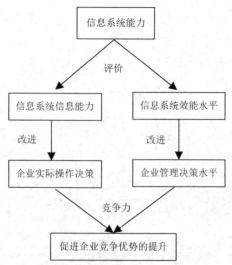

图 3-5　信息系统能力评价达到的效果

　　从信息系统处理信息的角度,本书从两个方面对信息系统能力进行定性和定量分析。对于信息系统的信息能力,从系统接收信息和输出信息来定量分析,类似于软件测试中的黑盒测试法,我们忽略系统处理信息的过程,从而判定信息系统处理信息的信息能力,获取内外部信息的应变能力;对于信息系统的效能水平,从系统处理信息的过程来定量分析,类似于软件测试中的白盒测试法,针对每一个处理信息的过程建立评价指标体系来分析系统处理信息过程中所发挥的效能情况,从而定量分析出信息系统处理信息的效能水平,为信息系统的技术改进提供量化的依据。两方面得到的信息系统的能力评价量化指标值应该是一致的,为信息系统的进一步改进提供量化的参考依据。

3.4　本 章 小 结

　　本章主要总结了信息化与企业核心能力之间的关系,论述了信息系统能力在核心能力培育中的具体应用;并从信息角度提出了企业信息化存在的问题,针对这一问题,结合信息系统概念提出了信息系统能力评价的两个方面——信息能力和效能水平,建立了企业信息系统能力评价模型,这些能力都基于信息系统对瞬息变化的企业内外部环境的信息的采集、处理。对企业信息系统能力的评价，本书主要集中对信息系统本身采集和记录、变换和处理、输出和分发的全过程进行信息系统能力模型的研究，也为后续的量化分析形成理论基础，为信息系统促进企业核心能力以及持续竞争力的提升、信息系统本身的技术改进等提供量化参考。这也是本书重点讨论的内容，信息系统能力的定量评价分析将分别在第 4 章和第 5 章中讨论。

企业信息系统信息能力及三维定量评价模型研究

本章根据第3章定性分析构建的企业信息系统能力评价模型,根据信息能力理论,建立了信息系统信息能力三维评价模型,分析构建了信息系统信息能力评价的评价指标体系;并从信息来源角度分析了信息能力的完全性、从信息质量角度分析了信息能力的正确性、从信息响应角度分析了信息能力的时效性,并利用数学方法进行了定量分析;最后建立了信息能力评价的三维定量模型。

4.1 信息系统信息能力基本概念分析

4.1.1 数据与信息

1. 数据(Data)

数据是人们用来反映客观世界而记录下来的可以鉴别的物理符号,或者说数据是用各种可以鉴别的物理符号记录下来的客观事实。

数据的含义包括两个方面:一方面是它的客观性。数据是对客观事实的描述,它反映了某一客观事实的属性,这种属性是通过属性名和属性值同时来表达的,缺一不可。例如,某企业某日机床生产的产量 10 台,是用文字、数字记录下来的反映企业生产成果的一个事实,其中产量是这个数据的属性名,10 台则是这个数据属性值。另一方面是它的可鉴别性。数据是对客观事实的记录,这种记录是通过一些特定的符号来表现的，而这些特定的符号是可以鉴别的，尤其是可以由计算机识别，这是以后进行数据处理的基本前提。常用的特定符号包括声、光、电、数字、文字、字母、图形、图表和图像等。

2. 信息（Information）

信息是在经济社会中经常使用的一个术语。由于人们可以从不同的领域、不同的行业、不同的角度去解释，所以目前还没有一个公认的关于信息的确切定义。这里只给出几种有代表性的关于信息的定义如下：

(1)信息是加工后的数据。

(2)信息是具有新内容、新知识的消息。

(3)信息是事先不知道其结果的消息。

(4)信息是使不确定因素减少的有用知识。

(5)信息是对客观世界现象通过直接观察，或对信号的语义解释领会而得到的知识。

(6)信息是能够帮助我们作出决策的知识。

(7)信息是导致某种决策行动的外界情况。

(8)信息是关于客观事实的可通信的知识。

概括以上的各种解释，这里给出一个比较确切的定义是：信息是将数据经过加工处理以后，提供给人们的有用资料。无论对信息如何解释，都可以归纳出信息的含义应该包括三个方面：①信息的客观性。信息来源于现实世界，它反映了某一事物的现实状态，体现了人们对事实的认识和理解程度。②信息的主观性。信息是人们对数据有目的的加工处理结果，它的表现形式是根据人们的需要情况来决定的。③信息的有用性。信息是人们从事某项工作或行动所需要的依据，它和人们的行为密切相关，并通过信息接受者的决策或行动来体现它所具有的价值。

3. 数据与信息的区别与转换

数据与信息的区别在于数据是客观的，它来源于客观的现实世界，它只反映了某一客观存在的事实，而不能说明这一事实与我们的行动是否有关系；信息是人们对数据加工后的结果，它取决于人们的主观需求，要对人们的决策行动产生影响，人们将数据和信息的关系形象地解释为原材料与产品之间的关系。将数据看成原材料，将信息看成产成品。由于原材料和产品是相对而言的，一个部门的原材料可能是另一个部门的产品，同时一个部门的产品也可能是另一个部门的原材料。因此，相同的一组数据对一部分人来讲是信息，而对另一部分人来讲可能就是数据。

总之，数据来源于现实世界，经过加工处理后形成了信息，对决策过程产生影响再推动改造于现实世界。数据与信息是在人们认识现实世界、改造现实世界的过程中不断地实现相互转换。这种转换过程如图 4-1 所示。

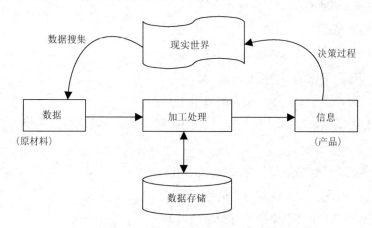

图 4-1　数据与信息的转换过程

4. 信息的特征

1）真实性

这是信息的最基本特征之一。在经济管理活动中，信息是管理与控制企业生产经营活动的基础，必须尊重经济活动的客观规律，从实际情况出发，如实地反映生产经营的运行情况。真实性也是信息的中心价值所在，不符合事实的信息不仅没有价值，而且会导致决策的失误，造成经济的损失。世界著名的科学家曾指出："输入的是垃圾，输出的就更是垃圾"，说明了信息真实性的重要。

2）目的性

对任何管理信息的搜集和整理工作，都是为某项具体的管理工作服务的，都有明确的目的性。最终目的就是帮助人们认识和了解生产经营过程中出现的问题，为决策提供各种科学准确的信息依据。

3) 扩散性

信息的扩散性是其本性，它好像热源总是力图向温度低的地方扩散一样，而力图通过各种渠道和手段向四面八方传播。信息的浓度、信息源与接收者的梯度是和信息的扩散力度成正比的，即信息的浓度越大，信息源与接收者的梯度越大，则信息的扩散力度就越强，反之信息的扩散力度就越弱。

信息的扩散一方面有利于知识的传播，另一方面又可能造成信息的贬值，不利于保密工作，不利于保护信息所有者的积极性(如盗版软件、光盘等)。因此，我们在鼓励加快信息传播的同时，还应该制定完善有关的法律制度(如保密法、专利法、出版法等)，从宏观上控制信息的非法扩散。

4) 传输性

信息是可以传输的，它可以利用电话、电报等进行国际国内的通信，也可以通过光缆卫星、计算机网络传遍全球。信息传输的形式包括数字、文字、图形、图像和声音等。信息的可传输性加快了资源的交流，促进了社会的发展与进步。

5) 等级性

管理信息的等级性是和企业管理系统的层次性相对应的，一般分为战略计划信息、管理控制信息和作业处理信息三个等级。

战略计划信息是指高层管理者需要的关系到全局和长远利益的信息。例如，国家行业政策，国际上新产品、新技术的动向，市场需求情况，新企业的地址选择等，都对企业长期发展计划产生影响。

管理控制信息是部门负责人需要的各种关系到企业局部和中期利益的信息。例如，企业各产品的计划，人、财、物等资源的配置等。

作业处理信息是基层执行人员需要的各种业务信息。例如，每天的产量、销量、原材料的消耗量等。

不同管理层次的信息在其内容来源、精度、加工方法、使用频率、使用寿命及保密程度上等属性的要求都是不同的。管理层次对信息属性的要求如图 4-2 所示。例如，信息的精度和使用频率是和管理层次成反比的，如图 4-2(a)所示；而信息的保密程度和使用寿命是和管理层次成正比的，如图 4-2(b)所示。

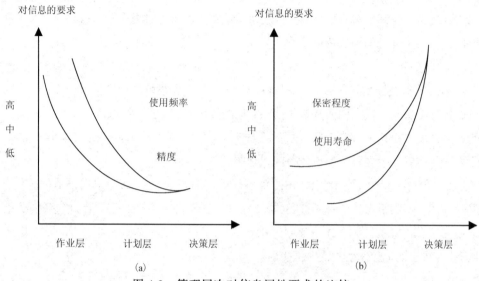

图 4-2　管理层次对信息属性要求的比较

6) 共享性

共享性又称为非消耗性。信息在一定的时间内可以多次被多方面的客户所使用，而本身并不消耗。例如，企业中的劳动定额既可以用来制订生产计划，又可以用来计算工资或成本。从某种意义上讲，信息只有实现了共享才能成为企业的资源。

7) 价值性

信息的价值性体现在两个方面：

一方面是在获得某信息资料所付出的代价，其价值是按照社会必要劳动量来计算的，是和计算其他产品价值的方法一样的，即

$$V = C + P \qquad\qquad (4-1)$$

其中，V 表示信息产品的价值；

C 表示生产该信息所付出的成本；

P 表示利润。

另一方面是在通过运用某信息后在决策中的影响程度来转换得到的效益，其价值是通过使用信息的最优方案和其他方案的效益比较后得到的。

8) 时效性

时效性是指信息是有寿命时效的，它只有在一定的时间内才能体现最大的价值。

用于某一目的的信息都是随时间的推移而发生老化，最终失去它原有的价值。

4.1.2　信息系统与管理

1. 系统 (System)

系统是指在一定环境中为了实现某种目标，由若干个相互联系、相互作用的元素组成的有机集合体。

在现实世界中存在着多种多样的系统，如宇宙系统、原子系统、人体消化系统、交通运输系统、电力系统、供水系统、管理系统、教育系统、经济系统等。归纳起来，任何系统都具有以下五个基本特征。

(1)集合性。它是指系统是由两个以上的不同元素组成。

(2)目的性。它是指任何一个系统都有明确的目的性，系统各元素的功能都是为了实现这一共同目的而组成的。

(3)关联性。它是指构成一个系统的各个元素之间存在着相互依存、相互制约的关系。

(4)适应性。它是指任何一个系统的存在必然被包含在另一个更大的系统内，这个更大的系统被称为"环境"。系统一定要适应外部环境的约束与变化，否则系统就没有生命力。

(5)整体性。它是指系统是个整体，各个组成元素的协调应以整体最佳为原则。

2. 信息系统 (Information System)

信息系统是指能够进行数据收集、加工处理、检索查询、存储和传输，并能够提供有用信息的系统。

3. 管理 (Management)

管理是人们有目的、有意识的实践活动，是指管理者在一定的社会条件(资源与环境的约束)下，为了实现预定目标对各种资源和实施环节进行规划安排，优化控制活动的总称。

管理的实质是通过对资源的合理配置，达到以最小的投入获得最大效益的目的。

4. 管理信息（Management Information）

管理信息是指反映企业生产经营活动的状况，并对企业管理的控制与决策产生影响的各种有用资料的总称，如计划、定额、标准、产量、成本、销售量和利润等。

5. 企业管理的一般过程

企业管理是企业管理者在一定的社会条件下，为了实现企业预定目标对企业生产经营活动进行计划、组织、指挥、协调、控制工作的总称。企业管理活动可以分为生产过程和管理过程两部分，实际上是对企业中的人、财、物、能源、技术和信息等资源进行合理配置的工作。其中最重要的是对物流和信息流的管理。

（1）物流。物流是指企业生产所需要的原材料等资源从输入企业系统开始，经过一系列加工制造变形，到转化为产成品输出企业销售为止的运动过程。

（2）信息流。信息流是指引导物资流动的计划、定额、工艺标准、设计图纸等，以及伴随着物资流动所产生的产量、质量和销售量等大量资料的运动过程。

由以上概念可以看出，物流是有形实体的单向流动，它体现了企业生产过程和现状。信息流是无形的双向流动(带有反馈)，它反映并控制着企业的生产过程和成果。因此，企业管理一方面是对企业生产过程的物流管理，另一方面就是对企业管理过程的信息流管理，二者是密切相关、缺一不可的。从某种意义上讲，企业的信息流管理是更重要的管理，它决定着企业生产经营活动的成功与否。企业管理的一般过程如图 4-3 所示。

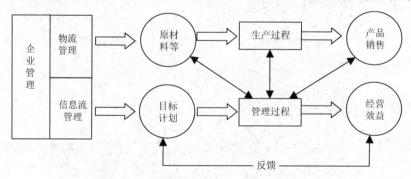

图 4-3　企业管理工程中的物流与信息流

6. 信息管理在企业管理中的作用

(1)信息是现代企业的宝贵资源。随着社会的进步与科学技术的发展，现代企业的生产经营活动已经不仅仅取决于人、厂房设备、原材料和能源技术等传统的资源，而更加取决于企业对信息的占有程度和处理能力。信息是知识，是财富，已经正在成为人们广泛的共识。

(2)信息是现代企业决策的基础。企业管理工作的关键和核心是决策，正确的决策来自对未来行动和后果的正确判断，这个正确的判断就必须以掌握全面、及时、准确的信息为依据。尤其在市场经济条件下的现代企业中，影响决策的不确定因素越来越多，信息提供的及时准确与否，直接关系到决策的正确与否。信息是提高现代企业管理决策的科学性与正确性的基础，是决定企业在市场经济竞争中兴衰存亡的关键所在。

(3)信息管理是现代企业管理的核心。现代企业的管理工作是以物流和信息流的管理为主要对象的，而物流又必须在信息流的引导下进行，同时又经过信息流的反馈得到调整与控制，因此信息管理是现代企业管理中的核心工作。

(4)信息管理的现代化是企业管理现代化的重要组成部分。现代化的企业必须要有现代化的管理与之相适应。企业管理的现代化涉及的内容十分广泛，可以归纳为四大要素，即管理思想的现代化、管理组织的现代化、管理方法的现代化和管理手段的现代化，其中管理手段的现代化最重要的就是信息管理的现代化。信息管理的现代化水平已经成为衡量一个国家、地区、行业、企业、部门的科学技术水平与经济实力的重要标志之一。

7. 现代企业管理对信息处理的要求

随着我国科学技术的发展和市场经济体制的不断完善，现代企业的生产经营活动面临着生产过程的高度社会化与自动化，面临着经济全球化国内外市场的激烈竞争，同时企业管理的复杂程度也在不断地增加，从而对信息的处理提出了越来越高的要求。具体要求可以归纳为及时、准确、适用、经济四个方面。

(1)及时。及时包括两个方面的含义：一是对已经发生的信息进行必要的及时记录；另一个是对信息的加工、检索和传递要快。现代化企业生产是以规模大、分工细和自动化水平高为特征的，只有将企业生产经营的状态和瞬息万变的市场需求信息及时地提供给各级决策控制管理部门，才能保证企业高效率、高时间价值地运行。否则，信息将失去其使用价值。使企业对生产过程无法实施有效的控制，使企业的生产经营活动发生混乱，甚至中断，造成物质和价值的重大损失。

(2)准确。"输入的是垃圾，输出的仍然是垃圾"是计算机界信守的格言。只有准确、可靠的原始数据才能加工出准确的信息，才能保证决策者依此做出正确的判断，使企业的生产经营活动能够得到有效的控制。否则，不正确的信息只能给企业带来适得其反的影响。另外，信息的形式和内容在企业系统中的各个子系统中应该具有统一性(或者称为唯一性)，这是企业系统内部各子系统对信息共享的要求。

(3)适用。各个子系统，各级管理部门和领导，他们所需要的信息在范围、内容、精度和使用频率等方面是各不相同的。只有为各级管理部门和领导提供有针对性适用的信息，才能使他们节约大量的精力和时间，抓住时机做出相应正确的决策，避免发生不应有的损失。

(4)经济。信息在现代化企业管理中具有重要的作用，但是，信息的处理是一项劳动量大、复杂、耗资、耗时的工作。因此，对信息的处理必须进行技术经济分析，不能盲目地追求"信息化"。信息的经济性也是及时性、准确性、适用性的前提，否则都是毫无意义的。

4.1.3　信息系统与信息能力

1. 信息能力

信息能力的概念至少应该包括三个方面：①个体性，即每个个体都应具备一定的信息能力。随着社会的发展，信息是整个社会最重要的支柱，信息能力不仅仅是个体的人(如学生，信息产业界人士)所独有的专业能力，而且将成为社会和企业所应具备的一种整体能力。尤其对企业而言，能够敏锐地探知、获取和利用信息才能适应社会的发展，并根据社会的现状和发展趋势适时地调整自己。②广泛性，即信息能力应用范围的广泛性。在信息社会里，信息充斥于社会生活的方方面面，各项活动都离不开信息，也离不开人们的信息能力。在社会生活的各项活动中信息能力都能发挥其应有的作用。③技术性，即现代信息技术。使用计算机，并利用现代信息技术来获取、处理、利用、交流信息的方式正在逐渐取代手工方式，并将成为信息能力表现的最重要的形式。

同样，信息能力的内涵也有更加丰富的内容。它不仅仅局限于某种图书情报学方面的专业能力[100]，也并非单指传统的信息采集、加工、吸收或利用能力等单一技能[101]；它还包括信息获取能力、信息处理能力、信息利用能力和信息创造能力[102]。信息获取能力指从各种信息源中广泛收集与所需内容有关的信息。信息处理能力指对获取的信息进行判断、整理的能力。信息利用能力指将获取、处理的信息应用于实践，使信息价值得以实现的能力。信息创造能力主要指利用已有的信息，经过对信息的分析综合处理从而生成新信息的能力。

当研究者从不同的角度研究信息能力时会有不同的研究主体和研究内容[103]。一种研究是将研究主体界定为社会，注重研究宏观的社会信息流动状态，其最终目的在于要为国家制定信息政策提供依据，为提高社会的劳动生产率而做出准备并完善社会信息基础设施。此时信息能力反映的是主体在某一时间段的实际状态，它也可表现出一定的程度差异性，而且这种差异性可以通过各种量化指标比较精确地显示出来。一种研究方式是将研究主体界定为某一群体， 如人们、社会成员、厂长、企业和政府等，注重研究具体的信息活动，其最终目的在于培养和提高某一群体的信息能力。此时信息能力始终处于变动不居的状态，它反映的是各个阶段主体从事信息活动的连续过程及其文化表现，它可以表现出一定的程度差异，但是很难用精确的数值来衡量这些差异，而企业信息能力的研究便属于这一种情况。因此，我们可以将信息能力比较全面地理解为：信息能力是社会某一主体在社会生活、科学劳动中进行搜集、加工、传递、吸收和利用信息等各项活动时灵活运用各种方式，主要是通过现代信息技术来发掘、利用社会信息资源的能力，主要包括信息获取能力、信息处理能力、信息利用能力和信息创造能力。相应地，企业信息能力指的是企业从社会信息资源中获取、处理、分析和利用信息的能力。

2. 信息系统信息能力

本书的研究方式是将研究主体界定为制造企业信息系统，注重研究具体的信息活动，最终目的是在制造业信息化工程背景下，信息化实施效果好的大型制造类企业，不断提高现行信息系统的信息能力，对其信息能力进行定量评价，以帮助企业提高信息能力，更好地实现信息化进程。因此，信息系统信息能力概括为：企业信息系统从企业内外部信息资源中记录、存储、处理、传输和提供有用信息的能力。它体现在记录、存储、处理、传输和分发的全过程，反映了信息系统对复杂环境中获取信息的应变能力。对于信息系统的信息能力，从系统接收信息和输出信息来定量分析，类似于软件测试中的黑盒测试法，我们忽略系统处理信息的过程，从而判定信息系统处理信息的信息能力，获取内外部信息的应变能力，如图 4-4 所示。

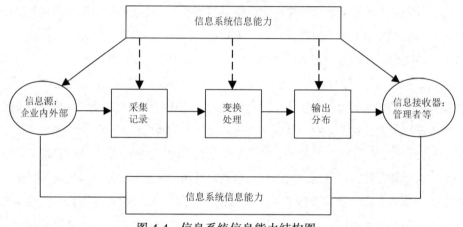

图 4-4   信息系统信息能力结构图

4.2   企业信息系统信息能力三维评价模型构建

如何对信息系统信息能力进行科学的量化呢？由于信息能力等于"采集和记录、变换和处理、输出和分发信息流的能力"。可见，信息能力体现在采集和记录、变换和处理、输出和分发的全过程。

如果我们对每一个环节分别进行计算，则会使问题复杂化。实际上，我们完全可将采集和记录、变换和处理、输出和分发过程略去，而以"信息源"和"信息接收器"所获取的信息相比较去分析信息能力[104]。因为"信息源"代表了"原始信息"，包括企业内部信息源和外部信息源。内部信息源产生于企业内部自身的系列活动，如生产、人事、销售、财务等方面的信息；外部信息源主要产生于企业涉及的外部环境，如国家经济政策、同行业竞争、市场需求等方面的信息。"信息接收器"所获得的信息代表了"结果信息"，它是经过信息系统采集和记录、变换和处理、输出和分发后的信息，体现了信息系统的信息能力。如果通过结果信息所得到的企业内外部情况的判定和原始信息表述的企业内外部环境完全相同，则信息能力达到最大值；如果通过结果信息所得到的企业内外部情况的判定和原始信息表述的企业内外部环境完全不同或结果信息信息量为零，则信息能力为最小值。通过原始信息和结果信息分别得到的企业内外部情况进行对比分析信息能力。于是，可将信息能力简单的表示为

$$I = S_1/S_2 \tag{4-2}$$

其中，I 表示信息能力；S_1 表示信息接收器通过结果信息获得的企业内外部情况，简称为"结果状态"；S_2 表示信息源提供原始信息获得的企业内外部情况，简称为"原始状态"。信息能力就是结果状态与原始状态比较后的结果。

从式(4-2)中可以看出：结果状态和原始状态具有相同的量纲，因此，信息能力是一个无量纲的数值；结果状态的信息量一般小于原始状态的信息量，信息能力的数值区间为[0，1]。

对于任何一个特定的制造类企业而言，依据企业现有采集到的数据源为研究基础展开分析。从信息系统的概念及信息的属性和信息管理的角度分析，原始状态可以用三个基本量进行表征：①目标数量，表示所获得信息来源的数量，如从企业外部获得信息的目标来源包括国家经济政策、同行竞争对手、市场需求等三个目标获取的信息。目标的数量以企业现有的目标数量为分析依据。②目标参数，表示从信息源所采集记录的具体信息，如从市场需求获得的具体需求情况，对某种产品的需求量；从同行竞争对手采集记录的产品生产状况、原材料采购状况等。③目标时间，表示从信息源所采集记录的具体信息的时间和状态，如从竞争对手采集到其生产某种产品及在某个时间的销售情况等信息所需时间。结果状态当然也相应地有同样的三个基本量。不同的是，结果状态的目标数量、目标参数和目标时间与原始状态相比是有误差的，正是这种误差反映了企业信息系统获取信息的能力[105]。

因此，我们可以从这三个基本量的误差入手去计算信息能力，分别用"完全性""正确性"和"时效性"来表征，即信息系统寻找和发现目标信息源的能力，称为"完全性"，用 Q 表示；信息系统采集和记录、变换和处理及输出和分发目标信息的精度，称为"正确性"，用 C 表示；信息系统采集和记录、变换和处理、输出和分发信息的速度，称为"时效性"，用 T 表示。于是信息能力可以进一步表示为由完全性(Q)、

正确性(C)和时效性(T)构成的三维体，体积的大小就是信息能力的大小，如图 4-5 所示。

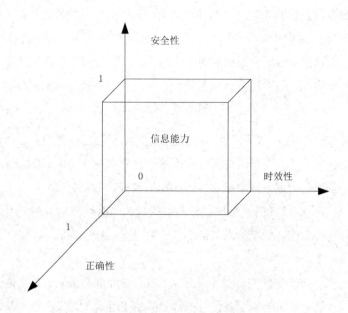

图 4-5   信息系统信息能力三维评价模型

图 4-5 表示为公式如下：

$$I = Q \cdot C \cdot T \tag{4-3}$$

其中，三者相乘计算结果为三维体的体积，即信息能力。

这三个基本量也是[0，1]区间的数值，如图 4-5 所示。显然，任何一维量为零，信息能力均为零，这种结果的合理性是显而易见的：如完全性为零，说明没有获得任何一个目标信息，信息能力当然为零；若虽然能找到所有目标，但都是虚假的或是错误的或是完全不准确的，信息能力也无从谈起；若时效性为零，即使所有目标都准确无误地获取了，但失去了时效，成为一堆无用的废信息，完全没有参考的决策意义，同样信息能力也为零。

4.3　企业信息系统信息能力三维评价指标体系构建

根据上面的分析，我们可以对信息能力进行数学计算。

4.3.1　基于信息来源的信息能力完全性评价研究

完全性反映的是信息系统寻找和发现目标信息源的能力。信息系统可以从企业内外部环境中寻找到的需要采集和记录其信息的目标，如同行业竞争对手、市场需求情况，企业内部生产、销售、人员、财务等信息源。设 t 时刻原始状态的目标数量为 $Q(t)$，结果状态的目标数量为 $q(t)$。若完全性以 $\delta_{Q(t)}$ 表示，根据式(4-2)，通过两者的比较，从误差入手，则完全性定量表示为

$$\delta_{Q(t)} = q(t)/Q(t) \tag{4-4}$$

4.3.2　基于信息质量的信息能力正确性评价研究

正确性反映的是信息系统采集和记录、变换和处理及输出和分发目标信息的精度。需要说明的是，通常结果状态的目标数量小于原始状态的目标数量，对于未感知到的目标，其正确性为零，可以略去不计，只需计算结果状态中目标参数对于原始状态中相应目标参数的正确性。设 $U_{ij}(t)$ 为原始状态的第 i 个目标的第 j 个参数，$V_{ij}(t)$ 为结果状态的第 i 个目标的第 j 个参数，根据式(4-2)，通过结果状态和原始状态分别获得第 i 个目标的第 j 个参数的比较，从获取参数的误差率入手，计算获取参数的误差率，用 $\Delta_{ij}(t)$ 表示，则通过结果状态和原始状态分别获得第 i 个目标的第 j 个参数的误差率定量表示为

$$\Delta_{ij}(t) = \left| V_{ij}(t) - U_{ij}(t) \right| / U_{ij}(t) \tag{4-5}$$

则对该参数的正确性 $C_{ij}(t)$ 可定量表示为

$$C_{ij}(t) = 1 - \Delta_{ij}(t) \tag{4-6}$$

由式(4-5)和式(4-6)得到参数的正确性 $C_{ij}(t)$ 为

$$C_{ij}(t) = 1 - \left|V_{ij}(t) - U_{ij}(t)\right| / U_{ij}(t) \qquad (4\text{-}7)$$

应该说明的是，目标可能含有不同类型的参量。一般，目标参数可分为特征型参量和数值型参量两大类，如目标类型（竞争对手产品生产技术等）属于特征型参量，而目标产量、目标市场销量等属于数值型参量。对于数值型参量，直接将原始状态值和结果状态值代入式(4-7)计算即可。

但对于特征型参量，则应先将原始状态值和结果状态值进行量化处理后才能用公式计算。一般可设定若干等级值进行量化，以目标类型参数为例，若原始状态中目标类型为竞争对手新技术，结果状态中的类型参量依其感知的目标类型而设定不同的值，如表 4-1 所示。

表 4-1　结果状态目标类型参量量化表示

原始状态值（$U_{ij}(t)$）	竞争对手新技术
结果状态值（$V_{ij}(t)$）	完全掌握(1)，部分掌握(0.5)，完全不掌握(0)

设原始状态的目标类型为"新技术"，类型参数值=1，当结果状态中目标也为"完全掌握新技术"时，感知无误，类型参数值=1；若感知目标为"部分掌握"，类型参数值=0.5，等等，感知目标类型与原始目标类型相差越大，类型参数值越小，直至为0。经过量化处理后的目标参数就可以通过式(4-7)计算出参数的正确性了。

对于一个目标，其目标参数可能不止一个，可能存在若干个参数，我们需要对一个目标的所有参数分别计算其正确性 $c_{ij}(t)$，然后再计算出平均正确性。设 t 时刻结果状态中目标数量为 n，第 i 个目标的参数种类为 m，则目标参数的平均正确性 $\delta_{c(t)}$ 为

$$\delta_{c(t)} = \frac{1}{n \times m} \sum_{i=1}^{n} \sum_{j=1}^{m} c_{ij}(t) \qquad (4\text{-}8)$$

4.3.3　基于信息响应的信息能力时效性评价研究

时效性反映的是信息系统采集和记录、变换和处理、输出和分发信息的速度。显然，若信息系统没有任何延时，则时效性最好，其值=1；但延时为多大就没有任何参考价值呢？这须根据不同的企业生产任务设定一个时间临界点 T，当信息延时超过这

个临界值，信息已没有任何意义，可将此时的时效性定为 0。

设 t 时刻系统的延时为 $\Delta t(t)$，$\delta_{T(t)}$ 表示信息系统的时效性，则信息系统时效性定量表达为

$$\delta_{T(t)} = 1 - \Delta t(t)\big/T \tag{4-9}$$

其中，$0 \leqslant \Delta t(t) \leqslant T$。

4.3.4　信息能力的三维评价量化模型

上述信息系统的三维量，即完全性、正确性和时效性计算出来后，若信息能力用 $I(t)$ 表示，则根据式(4-3)可将信息能力定量表达为

$$I(t) = \delta_{Q(t)} \cdot \delta_{C(t)} \cdot \delta_{T(t)} \tag{4-10}$$

此即为信息能力的量化公式，它是一个在区间[0，1]内变化的时间函数，在不同的时间，信息能力是不同的，特别是在信息瞬息变化的环境中更是变化不定的。

4.4　本 章 小 结

本章主要对企业信息系统信息能力进行了定性与定量相结合的研究，为企业信息系统信息能力评价研究提供了理论基础和定量表达。

(1)建立了信息系统信息能力三维评价模型。第一维是完全性，即信息系统寻找和发现目标信息源的能力；第二维是正确性，即信息系统采集和记录、变换和处理及输出和分发目标信息的精度；第三维是时效性，即信息系统采集和记录、变换和处理、输出和分发信息的速度。

(2)从信息系统获得信息的完全性、正确性和时效性三个方面研究了信息系统信息能力的定量表达方法。

第 5 章

企业信息系统效能水平及模糊综合评价模型研究

　　第 4 章从信息系统采集和记录的原始信息及输出和分发的最终信息,忽略中间的处理过程来评价信息系统本身所具有的信息系统的信息能力。本章从信息系统采集和记录、变换和处理及输出和分发的全过程来评价信息系统本身的效能,也就是从信息系统效能角度来评价信息系统效能水平,即评估系统预期能达到一组特定任务要求之程度的定量分析。采用模糊综合评价法建立评价模型,构建评价指标体系,并采用模糊 AHP 确定各评价指标的权重,从而对信息系统效能水平给出定量评价,判断出信息系统效能水平,为系统的优化和使用方法的改进提供量化参考。

5.1　信息系统效能水平评价模型

　　根据第三章构建的企业信息系统能力评价模型,从信息系统内部考察信息系统的效能水平,体现在信息系统处理信息的全过程中,包括信息的采集和记录、信息的变换和处理及信息的输出和分发。通过对信息处理全过程的考察,我们得到信息系统的效能水平模型如图 5-1 所示。

　　从信息系统采集和记录、变换和处理及输出和分发的全过程来评价信息系统本身的效能,也就是从信息系统效能角度来评价信息系统效能水平,即评估系统预期能达到一组特定任务要求之程度的定量分析。对于信息系统效能的评估,本章采用的方法是,从信息流程全过程角度,类似于软件测试中的白盒测试法,具体分析系统在信息采集和记录、变换和处理、输出和分发的整个过程,考察该过程的各个环节满足任务要求的程度,从而评估该系统的信息处理效能。这种方法是由系统内部来直接评估系统处理信息效能，可信度高，便于分析各种因素对效能的影响，易于找出影响效能的瓶颈所在，有利于系统的优化和使用方法的改进，为信息系统自身技术改进提供量化的依据。

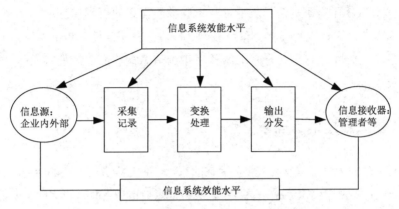

图 5-1　企业信息系统效能水平评价模型

5.2　影响信息系统效能水平的主要因素分析

信息系统是由以计算机为核心的一组设备组成，其主要功能是信息采集和记录、变换和处理、输出和分发。因此，系统的信息采集能力、信息处理能力、信息输出能力是影响信息系统效能的主要因素。

5.2.1　信息采集能力因素分析

信息采集能力是指信息系统从信息源获取所需信息的能力。信息获取的过程主要是数据采集和信息记录。数据采集是利用信息设备和信息系统对信息源进行搜寻，获得信息源的原始数据。信息记录是将获得的原始数据转换成数据处理设备便于处理的形式进行记录，从中提取有用信息。收集的信息以声音、图形、图像、文字、数据、符号等形式提供给系统使用。

信息采集能力可以用以下指标来度量：一是信息种类，是指信息系统能够获取的信息类型；二是信息密度，是指单位时间内获取的信息量，在信息系统中，信息密度根据信息种类的不同，有不同的度量指标；三是信息精度，是指获取的信息与实际情况相符合的程度，或者称为信息误差，信息精度的度量与信息种类有关，不同的信息种类，有不同的信息精度指标，如企业财务的精度为元，产品数量的精度为台等；四是信息质量，是指获取的信息的可利用程度，信息质量的表示较为复杂，通常也可转换为好、较好、一般、差等定性分析的指标进行度量；五是信息获取时间，是指信息获取事件发生到信息被获取之间的时间差，一般的度量以天表示。

5.2.2　信息处理能力因素分析

信息处理能力是指信息系统将所获取的原始信息变为有用信息的能力。通过各种渠道获取的信息通常情况下是来自各种信息源的零散信息，即原始信息，必须按照一定的规则进行处理。信息处理的目的：一是消除冗余，确立信息的置信度；二是把多种格式的原始信息转化为便于传递、分析、显示或进一步应用的格式，使原始信息可以在系统中流通和应用；三是剔除无用信息，压缩原始信息数量，提高信息质量，便于信息的存储，以备必要时进行查询或使用。

信息处理能力可以用以下指标来度量：一是信息综合比，是指经过处理后的综合信息量与输入系统的原始信息量之比，其度量以百分数表示；二是信息处理密度，是指单位时间内信息处理的总量，其度量以字节/秒表示；三是信息存储量，是指可存储的信息总量，其度量以兆字节表示；四是信息处理质量，是指经系统处理后的信息的置信度，即信息处理精度，其度量表示较为复杂，通常也可转换为好、较好、一般、差等定性分析的指标度量。

5.2.3　信息输出能力因素分析

信息输出能力是指信息系统利用各种通信设备和手段将信息传送到指定位置的能力。信息系统的信息输出，即通过自动化网络，使信息流通和传递的过程。

信息输出的基本任务是：快速、准确、保密、不间断地进行信息的传递，保证信息传送的畅通。为此，将获取的原始信息经过通信网络不间断地传送到信息处理部分，同时及时将原始信息进行处理后传送到指定的位置，另外将反馈的原始信息回传到信息处理部分，如此循环往复进行。

信息输出能力可以用以下指标来度量：一是信息输出信道宽度，其度量以兆字节表示；二是信息输出容量，其度量以兆字节表示；三是信息输出速率，其度量以字节/秒表示。

5.3　综合评价理论和方法

5.3.1　指标体系的结构

指标体系，亦称评价指标体系，是指为达到一定研究目的而由若干个相互联系的指标组成的指标群。指标体系的建立不仅要明确指标体系由哪些指标组成，更应确定指标之间的相互关系，即指标结构。指标体系是一个有序二元组：$IS = (I, S)$。其中，I 表示元素的集合，S 表示指标元素之间的关系。

指标体系的基本结构可以分为以下四种形式[106]。

(1) 多个指标的集合。这是一种简单情形，用数学语言来描述，即 $IS = \{I_1, I_2, \cdots, I_n\}$，表明从系统的多个特征指标就可以直观地对系统进行评价，指标元素除了同属一个集合之外，无其他关系，也不需要对它们进行综合。

(2) 树型结构的指标体系。从图论的观点，树型结构是一个没有回路的连通图。树型结构的指标体系 $IS = (I, S)$，$I = \{I_1, I_2, \cdots, I_n\}$ 对应树的结点集合，S 是结点(指标元素)的无序偶对的多重集，即图中边的集合。S 满足以下条件：图中任意两个不同的结点(指标元素)之间有唯一的一条初等通路相连接。

(3) 丛型结构的指标体系。它也是一种有向无环图结构。指标体系 $IS = (I, S)$，$I = \{I_1, I_2, \cdots, I_n\}$ 对应图的结点(指标)集合，S 是结点的无序偶对的多重集，即图中边的集合。

(4) 矩阵结构的指标体系。除了上面的层次结构外，复杂系统的指标体系结构还有可能是矩阵结构形式的，实际上也是一种二维表结构，如表 5-1 所示。

表 5-1　矩阵结构的指标体系

领域 ＼ 指标	I_1	I_2	...	I_n
P_1	I_{11}	I_{12}	...	I_{1n}
P_2	I_{21}	I_2	...	I_{2n}
$\vdots$			...	
P_m	I_{m1}	I_{m2}	...	I_{mn}

矩阵结构的指标体系可以用有限矩阵来描述，即 $IS = (I_{ij})_{m \times n}$。矩阵的行表示评价领域或评价项目等，构成集合：

$$P = \{P_1, P_2, \cdots, P_m\}$$

矩阵的列表示评价指标，构成集合：

$$I = \{I_1, I_2, \cdots, I_n\}$$

对于矩阵同一列，指标之间应该是互不相交的，但是对于矩阵同一行，不能要求指标之间是互不相交的，即

$$\begin{cases} I_{ij} \cap I_{sj} = \varnothing，当 i \neq s \text{ 时} \\ I_{ij} \cap I_{ik} \neq \varnothing，当 j \neq k \text{ 时} \end{cases}$$

一般地，矩阵的元素又通常是多个分指标的集合，即 $I_{ij} = \{I_{ij1}, I_{ij2}, \cdots, I_{ijk}\}$，并且 I_{ij} 可能具有复杂结构，其中的 $I_{ij1}, I_{ij2}, \cdots, I_{ijk}$ 是互不相交的。

5.3.2　评价指标的选取

评价指标的选取是否合适，直接影响到综合评价的结论。指标太多，事实上是重复性的指标，会有干扰；指标太少，可能所选的指标缺乏足够的代表性，会产生片面性。

指标的初选方法包括综合法和分析法两类[107]。综合法是指对已存在的一些指标群按一定的标准进行聚类，使之体系化的一种构造指标体系的方法。分析法是指将度

量对象和度量目标化分成若干部分、侧面(子系统)，并逐步细分(形成个集子系统及功能模块)，直到每一部分和侧面都可以用具体的统计指标来描述、实现。

科学的指标体系是获得正确的统计分析结论的前提条件。而初选后的指标体系未必是科学的，因此必须对初选的指标体系进行科学性测验，即对初始指标进行完善化处理。指标体系的测验包括两个方面的内容：单体测验和整体测验[104,108]。单体测验是指测验每个指标的可行性和正确性。可行性是指该指标的数值能否获得，那些无法或很难取得准确资料的指标，或者即使能取得但费用很高的指标，都是不可行的。正确性是指指标的计算方法、计算范围及计算内容应该正确。

整体测验主要是测验整个指标体系的指标的重要性、必要性及完整性。

1. 重要性

重要性是指保留那些重要指标，剔除对评价结果无关紧要的指标。一般用德尔菲法对初步拟出的指标体系进行匿名评议。例如，设指标体系中某层次(或某子指标集合)有 M 个指标，请 P 位专家评议。组织者收到专家的评议意见后，做三个方面的统计分析。

(1)集中程度，用 $\bar{E}_i$ 表示

$$\bar{E}_i = \frac{1}{p} \sum_{j=1}^{5} E_j n_{ij} \tag{5-1}$$

其中，$\bar{E}_i$ 表示第 i 个指标专家意见的集中程度，$\bar{E}_i$ 的大小确定了指标重要程度的大小，反映了 P 个专家的评价期望值；

E_j 表示指标 i 第 j 级重要程度的量值(一般将重要程度分为五级，即 $j=1,2,3,4,5$，分别代表极重要、很重要、重要、一般、不重要)；

n_{ij} 表示对第 i 个指标评为第 j 级重要程度的专家人数。

(2)离散程度，用标准差 δ 表示

$$\delta_i = \sqrt{\frac{1}{p-1} \sum_{j=1}^{5} n_{ij} (E_j - \bar{E}_i)^2} \tag{5-2}$$

其中，δ_i 表示专家对第 i 个指标重要程度评价的分散程度，一般若 $\delta_i > 0.63$，则可继续进行下一轮咨询。

(3) 协调程度，用变异系数 V 和协调系数 K 表示

$$V_i = \delta_i / \overline{E}_i \tag{5-3}$$

$$K = \frac{12}{p^2(M^3 - M)} \sum_{i=1}^{M} (\overline{E}_i - \overline{E})^2 \tag{5-4}$$

其中，V 表示专家对第 i 个指标评价的协调程度；

K 表示专家对一层指标整体评价的协调程度；

$\overline{E}$ 表示全部指标集中程度的均值，即

$$\overline{E} = \frac{1}{M} \sum_{i=1}^{M} \overline{E}_i \tag{5-5}$$

δ_i 越小，K 越大，说明专家意见越协调。由 $\overline{E}_i$、δ_i、K 综合分析决定是否需要进行下一轮咨询。若已满足要求，则以最后一轮各指标的 $\overline{E}_i$、δ_i 的大小为依据，决定保留哪些指标，删除哪些指标，最后把评价指标体系确定下来。

2. 必要性

必要性是指构成统计指标体系的所有指标从全局考虑是否都是必不可少的，有无冗余现象。一般可用相关系数法来进行检验。评价指标之间通常都存在着一定程度的相关关系，使观测数据所反映的信息有所重叠。若指标体系中存在着高度相关的指标，会影响评价结果的客观性。为此，必须对指标体系进行相关分析。具体做法是：首先，计算指标的相关系数 r_{ij}。其次，根据实际问题确定一个相关系数的临界值 M，如果 $r_{ij} \geqslant M$，可删除权数小的指标 x_i 或 x_j；如果 $r_{ij} < M$，则指标 x_i 与 x_j 均需保留。

3. 完整性

完整性是指统计指标体系是否已全面地、毫无遗漏地反映了最初描述的评价目的与任务。一般通过定性分析进行判断。

5.3.3　指标的量化及无量纲化

1. 定性指标的量化方法

进行综合评价时，定性指标如果不加以利用，则不能全面系统地反映出企业的实际情况，而要直接使用这些定性指标进行评价又有困难。因此，需要对定性指标进行量化处理。

定性指标中有名义指标与顺序指标两种。名义指标实际上只是一种分类的表示[109]，如性别、地址等。这类指标只能有代码，无法真正量化。顺序指标如优、良、中、差等，这类指标是可量化的。在进行效能水平评价时，选用的定性指标都是顺序指标。量化方法如下：

假设已将全部对象按某一种性质排出顺序，如用 $a > b$ 表示 a 优于 b，a 排在 b 的后面，全部对象共有 n 个，用 $a_1, a_2, \cdots, a_n$ 表示。假定：

$$a_1 < a_2 < a_3 < \cdots < a_n$$

那么需要对每个 a_i 赋以一个数值 x_i，x_i 能反映这一前后的顺序，而这个顺序是反映了某一个难以测量到的量，这个量只能通过比较而排出顺序，根据序数论这个量 x 一定是客观存在的，而且可以假定它服从正态分布 $N(0,1)$，于是 $a_1, a_2, \cdots, a_n$ 分别反映了 x 的排列顺序，设 x_i 是相应于 a_i 的值，由于 a_i 在全体 n 个对象中占第 i 位，即小于等于它的概率为 i/n，若取 y_i 为正态 $N(0,1)$ 的 i/n 分位数，即

$$P(x < y_i) = i/n，\quad i = 1, 2, \cdots, n-1 \tag{5-6}$$

那么，$y_1, y_2, \cdots, y_{n-1}$ 将 $(-\infty, \infty)$ 分成了 n 段，即 $(-\infty, y_1)$，(y_1, y_2)，$\cdots$，(y_{n-1}, ∞)。

a_i 表示它相应的 x_i 值应在 (y_{i-1}, y_i) 这个区间之内，考虑到概率分布可以选中位数，即 x_i 满足

$$P(x < x_i) = \frac{i-1}{n} + \frac{1}{2n} = \frac{i-0.5}{n}，\quad i = 1, 2, \cdots, n \tag{5-7}$$

其中，x 表示 $N(0,1)$ 的分位数。于是就可以计算相应的各个 x_i，这样就将顺序变量定量化了。

把以上量化方法进行提炼和抽象，就可以处理等级数据的量化问题[25]。设 u_a 使

$\int_{-\infty}^{u_a} \frac{1}{\sqrt{2\pi}} e^{-\frac{x^2}{2}} d_x = a$ ，则称 u_a 是标准正态分布 $N(0,1)$ 的 a 分位数。

若有 k 类 $a_1, a_2, \cdots, a_k$，a_1 最差，a_2 比 a_1 好，依次递升，a_k 最好，a_i 类各占的比例和累计比例如表 5-2 所示。

表 5-2　各类所占比例和累计比例

类	a_1	a_2	a_3	...	a_k
各类比例	p_1	p_2	p_3	...	p_k
累计比例	p_1	p_2+p_2	$p_1+p_2+p_3$	...	1

与 a_i 对应的 x_i 应有性质：

$$P(x < y_i) = \sum_{j=1}^{i-1} p_j + \frac{1}{2} p_i, \quad i = 1, 2, \cdots, k \tag{5-8}$$

用 $N(0,1)$ 的 a 分位数 u_a 来表示，就可得到如下公式：

$$\begin{cases} x_1 = u_{p_1/2} \\ x_2 = u_{p_1 + \frac{1}{2} p_2} \\ \vdots \\ x_i = u_{\sum_{j=1}^{i-1} p_j + \frac{1}{2} p_i} \\ \vdots \\ x_k = u_{\sum_{j=1}^{k-1} p_j + \frac{1}{2} p_k} \end{cases} \tag{5-9}$$

这就给出了定性指标一般化的量化表达式。

2. 指标的无量纲化

由于指标的含义不同，指标值的计算方法也不同，造成各指标的量纲各异。因此，即使各指标都定量化了，也不能够直接进行计算。必须先对指标进行无量纲化处理。无量纲化方法可分为直线型、折线型和曲线型三种[109]。

直线型无量纲化方法是在将指标实际值转化成不受量纲影响的指标评价值时，假定二者之间呈线性关系，评价值随实际值等比例变化。常用的直线型无量纲化方法有阈值法、标准化方法和比重法等。

折线型无量纲化方法适合于事物发展呈现阶段性，指标值在不同阶段变化对事物总体水平影响是不相同的。常用的方法有凸折线型、凹折线型和三折线型等。

有些事物发展阶段性的分界点不很明显，而前中后各期发展情况又截然不同，也就是说指标值变化对事物总体水平的影响是逐渐变化的，而非突变的。在这种情况下，曲线型无量纲化公式更为合适。主要的曲线型无量纲化公式有升半 Γ 型、升半正态型、升半柯西型、升半凹凸型、升半岭型。代表性较强的为升半 Γ 型(图 5-2)。

$$y = \begin{cases} 0, & 0 \leqslant x \leqslant a \\ 1 - e^{-k(x-a)}, & x > a(k > 0) \end{cases} \tag{5-10}$$

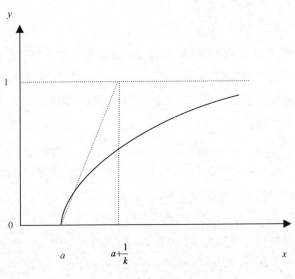

图 5-2　升半 Γ 型

5.4　信息系统效能水平模糊综合评价模型构建

5.4.1　指标体系的构建原则

在各种方法的计算中，起关键和决定性作用的是指标的选取及如何构造指标体系架构。由于人员素质、企业文化、社会经济环境等多种因素的影响，管理水平的度量具有很强的模糊性，指标的选取、指标值的度量及有效的具有可操作性的评价模型的建立都具有相当的难度。指标体系的构建要充分考虑到分析与综合相结合、微观与宏观相结合、静态分析与动态分析相结合。本章在指标构造上遵循的主要原则与依据是：

1) 全面性与可操作性相结合的原则

按照信息系统处理信息的过程有着自己的流程。因此，指标集应能全面反映这些方面的影响，以使评价全面完整。但这又同时存在一个矛盾问题，即指标集庞大而且相互交叠，因为企业内部存在着十分复杂的相互制约与影响关系，指标集过于庞大和复杂将直接影响现实的可操作性，最终有可能导致出现指标游戏。因此，必须在全面性原则的指导下进行适度的化简和归并，将较多的指标化简归并于数量较少的若干个关键的、同时又能反映相应指标内涵的指标。

2) 科学性原则

指标的选择、指标权值的确定、数据的选取和计算必须以公认的科学理论(统计理论、决策科学的理论等)为依据，同时，必须在对信息系统这一复杂系统的运行过程及各方面的相互关系做出准确、全面的分析和描述基础上，综合考虑组织、经营过程和功能等诸多方面。

3) 可比性原则

企业中信息系统存在着各种各样的差异，因此指标选取的可比性是一切定量比较方法都必须考虑的问题和遵循的原则。

4) 规范性原则

为了提高可操作性，指标的构造应尽可能与国家和企业统计指标(口径)相适应，即要依据国家和企业的有关统计指标，这样既便于理解，也便于实际操作。

5) 简明性原则

避免过分复杂和晦涩难懂，在不失去基本的信息量和要求的前提下，努力避免指标间的复杂勾连关系，并尽可能使指标的意义简单明了。如果企业已有测度指标能够反映出所要求的测度内容，就应将初始指标向规范指标靠近，最大限度地减少指标集的数量。化简归并、减少交叉勾连、向标准指标靠近是总的原则。

5.4.2　信息系统效能水平评价指标体系构建

分析和建立系统效能的层次结构，是进行系统效能评估的基础和前提。根据对信息系统效能影响因素的分析，信息系统效能的层次结构模型如图 5-3 所示。

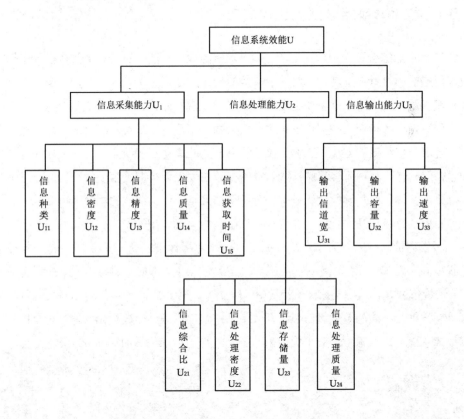

图 5-3　信息系统效能指标体系结构

模型分为三层，第一层为目标层：信息系统效能 U。第二层为准则层：主要从影响信息系统效能的三个方面，即信息采集能力 U_1、信息处理能力 U_2、信息输出能力 U_3 来考虑。第三层为子准则层，把第二层的准则具体化，用不同的指标来度量：信息采集能力 U_1 主要用信息种类 U_{11}、信息密度 U_{12}、信息精度 U_{13}、信息质量 U_{14}、信息获取时间 U_{15} 等指标；信息处理能力 U_2 主要用信息综合比 U_{21}、信息处理密度 U_{22}、信息存储量 U_{23}、信息处理质量 U_{24} 等指标；信息输出能力 U_3 主要用信息输出

信道宽度 U_{31}、信息输出容量 U_{32}、信息输出速度 U_{33} 等指标。

5.5 信息系统效能水平评价模型定量研究

5.5.1 权系数确定方法的比较研究

在多指标综合评价中，权数具有举足轻重的地位，指标的权重系数是指各指标对决策问题的相对重要程度。目前关于权数的确定方法很多，大致可归为三类：一类是主观赋权法，其原始数据主要由专家根据经验主观判断得到；第二类为客观赋权法，其原始数据由各指标在被评价单位中的实际数据形成；第三类是组合赋权法，即综合主、客观赋权结果的方法。三类赋权法具有不同的原理及优缺点。主观赋权法客观性较差，但解释性强；而客观赋权法确定的权数在大多数情况下精度较高，但有时会与实际情况相悖，而且解释性比较差，对所得结果难以作出明确的解释；组合赋权法则希望吸取两种赋权法的优点，在客观性和解释性之间实现平衡，但其计算过程繁琐。

假设评价问题的方案集为 $S = (s_1, s_2, \cdots, s_m)$，指标集为 $Q = (q_1, q_2, \cdots, q_n)$，指标集的权重向量为 $W = (w_1, w_2, \cdots, w_n)$，对于方案 S_i 按第 j 个指标 q_j 进行测度，得到 S_i 关于 q_j 的评价值为 a_{ij}，从而构成评价矩阵 $A = [a_{ij}]_{m \times n}$。由于原始评价值 a_{ij} 相互之间可能具有不同量纲与不同的数量级，因此有必要对原始指标值进行标准化处理。对原指标进行标准化处理，消除量纲对评价结果的影响，得到标准化后的矩阵 $\bar{A} = [\bar{a}_{ij}]_{m \times n}$。

1. 主观赋权法

目前对于主观赋权法的研究比较成熟。主要有以下两种。

1) 德尔菲法

德尔菲法是依据多个专家的知识、经验和个人价值观对指标体系进行分析、判断并主观赋权值的一种多次调查方法。当专家意见分歧程度局限在 5%~10%时则停止调查[110]。该方法适用范围广，不受样本是否有数据的限制，缺点是受专家知识、经验等主观因素影响，过程较繁琐，适用于不易直接量化的一些模糊性指标。

2) 层次分析法

按系统的内在逻辑关系，以评价指标构成一个层次结构，专家针对同一层或同一

域进行两两对比，并按规定的标度值(1~9 及其倒数)构造判断矩阵 B。由

$$BW = \lambda_{\max} W \tag{5-11}$$

求出 $\lambda_{\max}$ 及其对应的特征向量 W，将特征向量 W 归一化得到各因素的权重。由 $\lambda_{\max}$ 计算一致性指标，计算公式为

$$CI = \frac{\lambda_{\max} - n}{n - 1} \tag{5-12}$$

查表可得随机一致性指标 RI，计算随机一致性比率 CR

$$CR = \frac{CI}{RI} \tag{5-13}$$

当 $CR < 0.10$ 时，认为判断矩阵 B 具有满意的一致性。

该方法对各指标之间重要程度的分析更具逻辑性，再加上数学处理，可信度较大，应用范围较广。缺点是各指标之间相对重要程度的判断因专家不同而异，有一定的主观性，适用于具有模糊性的指标或有样本数据的指标。

主观赋权法的共同特点是各评价指标的权重是由专家根据自己的经验和对实际的判断给出，选取的专家不同，得出的权系数也不同。其主要缺点是主观随意性大，并且这一缺点并未因采取诸如增加专家数量、严格挑选专家等措施而得到根本改善。因而，在某些个别情况下应用单一的一种主观赋权法得到的结果可能会与实际情况存在较大差异。

该类方法的优点是专家可以根据实际问题较为合理地确定各指标之间的排序，即尽管主观赋权法不能准确地确定各指标的权系数，但在通常情况下，主观赋权法可以在一定程度上有效地确定各指标按重要程度给定的权系数的先后顺序，不至于出现指标系数与指标实际重要程度相悖的情况，而这种情况在客观赋权法中则是可能出现的。

2. 客观赋权法的优缺点

为了克服主观赋权法的不足，人们提出了多种客观赋权法。客观赋权法的原始数据来源于评价矩阵的实际数据，根据评价方案差异大小来决定指标权系数的大小，使系数具有绝对的客观性，即若指标 q_j 对所有的决策方案而言均无差异，则指标 q_j 对

方案决策和排序将不起作用，这样的评价指标可令其权系数为 0；若指标 q_j 对所有决策方案的属性值有较大差异，这样的评价指标对方案的决策与排序将起重要作用，应给予较大的权系数，即各指标权系数的大小应根据该指标下各方案属性值差异的大小来确定，差异越大，该指标的权系数越大，反之，权系数越小[111]。

1) 熵值法

1948 年，香农把信息熵概念引入信息论中作为随机事件不确定的量度，即一个事件的随机性越强，相应的熵越大；反之，若事件为必然事件，则熵值为零。熵值反映了指标信息效用价值，因此，在计算指标权重时，若某个指标中的各个数值之间变化不大，则该指标在综合分析中起的作用较小，即权重小，相反则权重大。

依据 $\bar{a}_{ij}$，计算第 j 个指标 q_j 的熵值 e_j，其计算公式为

$$e_j = -k\sum_{i=1}^{m}\bar{a}_{ij}\ln\bar{a}_{ij}，\quad j = 1,2,\cdots,n \tag{5-14}$$

其中，$k = (\ln m)^{-1}$。

依据得出的 e_j，计算第 j 个指标 q_j 的熵权，其计算公式为

$$w_j = \frac{1-e_j}{n - \sum_{j=1}^{n} e_j}，\quad j = 1,2,\cdots,n \tag{5-15}$$

由此可得到各评价指标重要程度的客观赋权向量为：$W = (w_1, w_2, \cdots, w_n)$。

该方法计算结果可信度较大，自适应功能强，但受模糊随机性的影响，而且各指标间的联系不大，适用于具有数据的样本。

2) 灰色关联度法

灰色关联度反映事物间在发展过程中的关联程度。灰色关联度法把系统作为一个发展变化的系统进行动态过程发展态势的量化分析，其本质是几种曲线间的几何形状的分析比较，形状越接近，则发展变化态势越接近，关联度越大。

该方法的优点是计算所需的样本数据少，计算量小，计算结果精度高；缺点是要求样本数据具有时间序列特性。

3) 主成分分析法

主成分分析是多元统计分析中应用广泛的一种方法，是由 Pearson 于 1901 年首先引入，Rao、Gnanadesikan、Morrison 和 Bibby 等进一步发展而形成的重要的多元统计

方法[112]。主成分分析是研究如何通过原始变量的少数几个线性组合(主成分)来解释多变量的方差——协方差结构。具体地说,是导出少数几个主分量,这些主分量尽可能多地保留了原始变量的信息,且彼此间又不相关[113]。

求出指标间的相关系数矩阵 R ,计算相关矩阵 R 的特征值 $\lambda_1 \geqslant \lambda_2 \geqslant \cdots \geqslant \lambda_n \geqslant 0$ 和对应的特征向量 $e_1, e_2, \cdots, e_n$,则第 i 个主成分为

$$y_i = e_i^T Q , \quad i = 1, 2, \cdots, n \tag{5-16}$$

计算第 i 个主成分的方差贡献率:

$$\alpha_i = \frac{\lambda_i}{\sum_{i=1}^{n} \lambda_i} , \quad i = 1, 2, \cdots, n \tag{5-17}$$

当累计方差贡献率 $\sum_{i=1}^{p} \alpha_i \geqslant 80\%$ 时,确定主成分个数 p 。计算主成分与原指标的相关系数,即因子载荷:

$$\rho_{y_i q_j} = \sqrt{\lambda_i} e_{ji} , \quad j = 1, 2, \cdots, n , \quad i = 1, 2, \cdots, p \tag{5-18}$$

计算各主成分公因子方差值:

$$H_j = \sum_{i=1}^{7} \lambda_i e_{ji}^2 , \quad j = 1, 2, \cdots, n \tag{5-19}$$

将 H_j 分别归一化得到各级指标的权重。

该方法实质上是通过用一些较小的新的数量指标(主成分)代替原来较多的指标,这些新指标是原来指标的线性组合,并且能充分载有原来指标的信息,起到降维的作用,而且指标间不相关。可用新指标对原来信息的反映程度作为权。该方法客观性强,避免了人为赋权所造成的偏差。缺点是新指标不可能完全反映原来指标的信息,有一定的偏差,适用于有数据的样本。

客观赋权法的突出优点是权系数的客观性强,但也存在一个不可避免的缺陷,就是确定的权系数有时与实际相悖。从理论上讲,这种可能性是存在的。在多指标多方案的决策过程中,最重要的指标不一定使所有决策方案的属性值具有较大的差异,而最不重要的指标却有可能使所有决策方案的属性值具有最大的差异,这样依照上述原理确定的权系数,结果可能是最不重要的指标可能具有最大的权系数,而最重要的指标却不一定具有最大的权系数。

3. 组合赋权法

组合赋权是通过把各个赋权法有机集成起来，从而在一定程度上克服了单一赋权法的不足之处。传统组合赋权有三大类：乘法合成归一化法、线性加权组合法、基于 spearman 等级相关系数的组合客观赋权法[111,112]。

5.5.2 运用模糊 AHP 确定指标权重

美国著名的运筹学家 Saaty 提出的层次分析法（AHP）是一种定性和定量相结合的决策方法。其核心是利用 1~9 的整数及其倒数作为标度构造判断矩阵，这种判断往往没有考虑人的判断的模糊性[114]。实际上，人们在处理复杂的决策问题进行选择和判断时，常常自觉不自觉地使用模糊判断[115]。例如，两个方案相比，认为甲方案比乙方案明显重要，这本身就是模糊判断。因此，AHP 在模糊环境下的扩展是必要的，这一扩展称为模糊 AHP[116]。

1. 基本概念

定义 1：设 $M \in F(R)$，如果：

① $\exists x_0 \in R$ 有 $\mu(x_0) = 1$；

② $\forall a \in [0,1]$，$A_a = [x, \mu_{A_a}(x_0) \geqslant a]$ 是一个凸集。

其中，$F(R)$ 为 R 上的全体模糊集，R 为实数集。

定义 2：μ_m 为 M 隶属函数，$R \to [0,1]$，μ_m 定义如下：

$$\mu_m(x) = \begin{cases} \dfrac{1}{m-l}x - \dfrac{1}{m-l}, & x \in [l,m) \\ \dfrac{1}{m-u}x - \dfrac{u}{m-u}, & x \in (m,u] \\ 0, & \text{其他} \end{cases} \tag{5-20}$$

其中，$l \leqslant m \leqslant u$，$l$ 和 u 分别表示 M 所支撑的上界和下界，m 表示中值。因此模糊数可写成 $M = (l,m,u)$，当 $l = m = u$ 时，则 M 为常数，显然没有反映人们认识上的模糊性，$|l-u|$ 反映了模糊度的大小，一般以 $|l-u| \leqslant 2$ 较合适。

定理 1：如果 $M_1 = (l_1, m_1, u_1)$，$M_2 = (l_2, m_2, u_2)$，则它们满足下面 4 条基本运算规定：

① $M_1 \oplus M_2 = (l_1, m_1, u_1) \oplus (l_2, m_2, u_2) = (l_1 + l_2, m_1 + m_2, u_1 + u_2)$

② $M_1 \cdot M_2 = (l_1, m_1, u_1) \cdot (l_2, m_2, u_2) = (l_1 \cdot l_2, m_1 \cdot m_2, u_1 \cdot u_2)$

③ $\lambda \cdot M_2 = (\lambda, \lambda, \lambda) \cdot (l_2, m_2, u_2) = (\lambda \cdot l_2, \lambda \cdot m_2, \lambda \cdot u_2)$

④ $M_2^{-1} = (l_2, m_2, u_2)^{-1} = \left(\dfrac{1}{u_2}, \dfrac{1}{m_2}, \dfrac{1}{l_2} \right)$

定义 3：$M_1 \geqslant M_2$ 的可能性程度定义为

$$V(M_1 \geqslant M_2) = \sup_{x \geqslant y}[\min(\mu_{m_1}(x), \mu_{m_2}(y))] \tag{5-21}$$

由上式可知，$V(M_1 \geqslant M_2) = 1$ 的充分必要条件是 $m_1 \geqslant m_2$。

定理 2：设 M_1, M_2 是两个三角模糊数，记 $V(M_2 \geqslant M_1) = hgt(M_2 \bigcap M_1) = u(d)$，其中，$d$ 表示 M_1, M_2 交点的横坐标，则有

$$u(d) = \begin{cases} \dfrac{l_1 - u_2}{(m_2 - u_2) - (m_1 - l_1)}, & l_1 \leqslant l_2 \\ 0, & \text{其他} \end{cases} \tag{5-22}$$

定义 4：根据定理 2，知下式成立

$$\begin{aligned} V(M \geqslant M_1, M_2, \cdots, M_k) &= V[(M \geqslant M_1), (M \geqslant M_2), \cdots, (M \geqslant M_k)] \\ &= \min V(M \geqslant M_i) \qquad i = 1, 2, \cdots, k \end{aligned} \tag{5-23}$$

2. 模糊判断矩阵及权重计算

设 $a_{ij}^t = (l_{ij}^t, m_{ij}^t, u_{ij}^t)$，其中 $i, j = 1, 2, \cdots n_k$，$t = 1, 2, \cdots, T$，T 表示第 t 位决策者对第 k 层第 i 个因素与第 j 个因素比较而给出的模糊评价度，这样所有决策者的评价就构成了模糊判断矩阵 $A = (a_{ij}^t)_{n_k \times n_k}$，显然模糊矩阵 A 仍为正负反矩阵，即 $a_{ij}^{-1} = a_{ji} = \left(\dfrac{1}{u_{ij}}, \dfrac{1}{m_{ij}}, \dfrac{1}{l_{ij}} \right)$，则第 k 层的综合三角模糊度由下式求得

$$M_{ij}^k = \frac{1}{T} \cdot (a_{ij}^1 + a_{ij}^2 + \cdots + a_{ij}^T) \tag{5-24}$$

对式 5-24 整理的综合模糊程度值为

$$S_i^k = \sum_{j=1}^{n_k} M_{ij}^k \cdot (\sum_{i=1}^{n_k} \sum_{j=1}^{n_k} M_{ij}^k)^{-1}, \quad i = 1, 2, \cdots, n_k \tag{5-25}$$

由式 5-23 得

$$V(S_i^k \geqslant S_j^k) = \min[V(S_i^k \geqslant S_1^k) \cdots V(S_i^k \geqslant S_j^k) \cdots V(S_i^k \geqslant S_{n_k}^k)], \quad j = 1, 2, \cdots, n_k \quad i \neq j \tag{5-26}$$

令 $d^k(A_i) = V(S_i^k \geqslant S_j^k)$，则得权重向量为

$$W_k' = (d^k(A_i), d^k(A_2) \cdots d^k(A_{n_k}))^T \tag{5-27}$$

经归一化，得到各因素 k–1 层的权重：

$$W_k = (d(A_1), d(A_2), \cdots, d(A_{n_k})) \tag{5-28}$$

5.5.3 多层次灰色综合评价模型定量研究

企业信息系统具有较高一体化水平，对企业的决策支持、生产状况、财务状况、人事状况、销售状况、市场需求状况等各要素要进行综合考虑，全部融入到系统中，因而其效能是一个多元函数，涉及因素多，而且部分因素存在信息不完全和不确定的问题，评估计算极其复杂。对于这类评价问题运用灰色理论进行评价比较适宜。因此，本书采用多层次灰色综合评价法进行评价。另外，值得指出的是，实践中常用的多层次评价方法主要有模糊综合评判法和灰色综合评价方法。但二者相比较，灰色综合评价方法具有明显的优点，灰色综合评价方法比模糊综合评判法具有更高的分辨率，而且灰色综合评价方法的应用较为简单[117]。

以下说明信息系统效能灰色综合评价方法的具体原理和步骤。

设总指标 U 是一级评价指标 U_i 所组成的集合，记为 $U=(U_1,U_2,\cdots,U_m)$，权重 $A=(A_1,A_2,\cdots,A_m)$；U_i 是二级评价指标组成的集合，记为 $U=(U_{i1},U_{i2},\cdots,U_{in})$，权重 $A_i=(A_{i1},A_{i2},\cdots,A_{in})$。

步骤 1：制定评价指标 U_{ij} 的评分等级标准

在评价时，由于评价指标 U_{ij} 是信息不完全和不确定的指标，可以通过制定评价指标评分等级标准实现指标的定量化（见附录）。为此，将评价指标的优劣等级划分为优、良、中、一般、差五个等级，对应分值分别为 9、7、5、3 和 1（单位：分），指标等级介于两相邻等级之间时，相应评分值为 8、6、4 和 2（单位：分）。

步骤 2：确定各评价指标的权重

按上述评价标准评价指标体系时，评价指标 U_i、U_{ij} 的重要程度是不同的，即有不同的权重，这些指标权重的确定可以利用上述的模糊 AHP 法。形成 U_i 的权重集 $W = (w_1, w_2, \cdots, w_m)$，$U_{ij}$ 的权重集 $W_i = (w_{i1}, w_{i2}, \cdots, w_{in})$。

步骤 3：建立评价样本数据

组织 p 个专家对受评对象按评价指标 U_{ij} 评分等级标准打分。通常这些专家要有两方面的技能，一方面是熟悉信息系统的性能及其蕴涵的西方管理模式，另一方面是熟悉我国企业的管理模式和企业发展的规律，以及信息系统的运行状况。设专家号为 k，$(k = 1, 2, \cdots, p)$；第 k 位专家对受评对象在评价指标 U_{ij} 的评价结果记为 d_{ijk}，p 位专家的评价结果对 U_i 构成的样本矩阵 D_i

$$D_i = \begin{bmatrix} U_{i1} \\ U_{i2} \\ \vdots \\ U_{in} \end{bmatrix} = \begin{matrix} 1 & 2 & \cdots & p \end{matrix} \begin{bmatrix} d_{i11} & d_{i12} & \cdots & d_{i1p} \\ d_{i21} & d_{i22} & \cdots & d_{i2p} \\ \vdots & \vdots & & \vdots \\ d_{in1} & d_{in2} & \cdots & d_{inp} \end{bmatrix} \tag{5-29}$$

步骤 4：确定评价灰类的白化权函数 f_e

确定评价灰类就是确定评价灰类的等级数、灰类的灰数及灰类的白化权函数，一般情况下根据实际评价问题分析确定[118]。分析上述评价指标的评分等级标准，采用五个评价灰类，灰类序号为 $e(e=1,2,3,4,5)$，分别表示"优""良""中""一般""差"。其相应的灰数及白化权函数如下：

第一灰类，"优"（$e=1$），灰数 $\otimes_1 \in [d_1, \infty]$，其白化权函数 f_1（图 5-4(a)）表达式为

$$f_1(d_{ijk}) = \begin{cases} d_{ijk}/d_1, & d_{ijk} \in [0, d_1] \\ 1, & d_{ijk} \in [d_1, \infty] \\ 0, & d_{ijk} \in (-\infty, 0] \end{cases} \tag{5-30}$$

第二灰类，"良""中""一般"（$e=2,3,4$），灰数 $\otimes_2 \in [0, d_1, 2d_1]$，其白化权函数 f_2（图 4-7(b)）表达式为

$$f_2(d_{ijk}) = \begin{cases} d_{ijk}/d_1, & d_{ijk} \in [0, d_1] \\ 2 - d_{ijk}/d_1, & d_{ijk} \in [d_1, 2d_1] \\ 0, & d_{ijk} \in [0, 2d_1] \end{cases} \tag{5-31}$$

第三灰类，"差"（$e = 5$），灰数 $\otimes_3 \in [0, d_1, 2d_1]$，其白化权函数 f_3（图 5-4(c)）表达式为

$$f_3(d_{ijk}) = \begin{cases} 1, & d_{ijk} \in [0, d_1] \\ 2 - d_{ijk}/d_1, & d_{ijkl} \in [d_1, 2d_1] \\ 0, & d_{ijkl} \in [0, 2d_1] \end{cases} \tag{5-32}$$

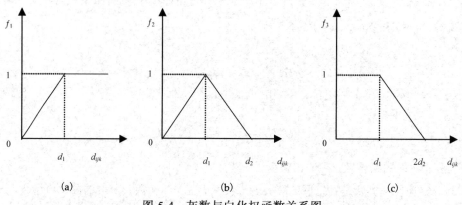

图 5-4　灰数与白化权函数关系图

步骤 5：计算灰色评价系数

$f_e(d_{ijk})$ 为专家评价值 d_{ijk} 属于第 e 个评价等级的权，据此求出评价对象属于第 e 个评价等级的灰色评价系数（记为 X_{ije}）和总灰色评价系数（记为 X_{ij}），则有

$$X_{ije} = \sum_{k=1}^{p} f_e(d_{ijk}) \tag{5-33}$$

$$X_{ij} = \sum_{e=1}^{g} X_{ije} \tag{5-34}$$

步骤 6：计算灰色权向量及权矩阵

综合 p 位专家对指标 U_{ij} 主张第 e 个评价等级的灰色权值为 r_{ije}

$$r_{ije} = \frac{X_{ije}}{X_{ij}} \tag{5-35}$$

考虑到有 g 个评价灰类，便有评价指标 U_{ij} 对于各灰类的灰色评价权向量 r_{ij}，

$$r_{ij} = (r_{ij1}, r_{ij2}, r_{ij3}, \cdots, r_{ijg})$$

综合 U_i 所属指标 U_{ij} 对于评价灰类的灰色评价权向量，得到指标 U_i 的灰色评价权矩阵 R_i 为

$$R_i = \begin{bmatrix} r_{i1} \\ r_{i2} \\ \vdots \\ r_{in} \end{bmatrix} = \begin{bmatrix} r_{i11} & r_{i12} & \cdots & r_{i1g} \\ r_{i21} & r_{i22} & \cdots & r_{i2g} \\ \vdots & \vdots & & \vdots \\ r_{in1} & r_{in2} & \cdots & r_{ing} \end{bmatrix} \tag{5-36}$$

步骤 7：对 U_i 作综合评价

对 U_i 作综合评价，其综合评价结果为 B_i

$$B_i = A_i \cdot R_i = (b_{i1}, b_{i2}, \cdots, b_{ig}) \tag{5-37}$$

步骤 8：对 U 作综合评价

由 U_i 的综合评价结果 B_i，得被评对象 U 所属指标 U_i 对于各个评价灰类的灰色评价权矩阵 R

$$R = \begin{bmatrix} B_1 \\ B_2 \\ \vdots \\ B_m \end{bmatrix} = \begin{bmatrix} b_{11} & b_{12} & \cdots & b_{1g} \\ b_{21} & b_{22} & \cdots & b_{2g} \\ \vdots & \vdots & & \vdots \\ b_{m1} & b_{m2} & \cdots & b_{mg} \end{bmatrix}$$

对 U 作综合评价，其评价结果为 B

$$\begin{aligned} B &= A \cdot R \\ &= (A_1, A_2, \cdots, A_m) \cdot \begin{bmatrix} b_{11} & b_{12} & \cdots & b_{1g} \\ b_{21} & b_{22} & \cdots & b_{2g} \\ \vdots & \vdots & & \vdots \\ b_{m1} & b_{m2} & \cdots & b_{mg} \end{bmatrix} \\ &= (b_1, b_2, \cdots, b_g) \end{aligned} \tag{5-38}$$

步骤 9：计算综合评价值

对综合评价结果 B 进行归一化处理，将各灰类等级按白化值赋值，得到各种评价灰类等级值化向量 $D=(d_1, d_2, \cdots, d_g)$ 按下式计算被评系统的综合评价值 W

$$W = B \cdot D^T \tag{5-39}$$

5.6 本章小结

从信息系统采集和记录、变换和处理及输出和分发的全过程，以及企业信息系统效能角度评价信息系统效能水平。本章分析了信息系统效能水平的主要影响因素，对每一个因素进行了指标体系的分析和构建，并采用模糊 AHP 法确定各评价指标权重，应用多层次灰色综合评价方法建立了信息系统效能综合评价模型，对其进行了定量分析，为系统的进一步优化和企业管理理念的创新提供量化参考。

第 6 章

基于信息的企业信息系统能力评价
实例研究

本章根据第 3~5 章研究的结果，对 K 集团和 H 集团信息系统使用情况的调研及采集的大量实际数据，进行了基于信息的企业信息系统能力评价实例研究与验证。因为 K 集团和 H 集团使用的信息系统都有很多，本章只针对其中的两个信息系统——售后服务系统和 OA 系统进行了实例分析，验证了前期的讨论结果，并针对这两个系统出现的问题，对 K 集团和 H 集团的信息系统分别提出了改进意见。

6.1   K 集团简介

K 集团从 20 世纪 80 年代末，开始了筚路蓝缕的创业历程。起点是 7 个人，20万的负债，在牛棚中为其他厂家配套加工小五金。15 年后，已成为拥有 1.3 万员工、45 亿元资产的行业骄子。2004 年，在北京举行的"中国企业信息化标杆工程"标杆企业发布会上，成为首批 21 家标杆企业之一。

秉承"以人为本、诚信立业"的企业宗旨，K 集团经历了 20 余年的历程，取得了跨越 1 000 倍的发展，现拥有总资产 80 亿元、员工 3 万名，涉足电力、家电、能源、通信四大制造业，以及房产、医疗、物流三大投资项目，并已形成宁波三大制造基地、南昌制造基地、深圳制造基地、上海制造基地等国内六大生产基地，同时正在全球拟建四大生产基地。2006 年，实现销售收入 180 亿元(其中出口 3.2 亿美元)、利润8.6亿元。

目前，K 集团是中国 500 强企业、中国大企业集团竞争力前 25 强、中国信息化标杆企业、国家重点火炬高新技术企业，并为国家工程技术中心和国家级博士后工作站的常设单位，在宁波、上海、深圳、南昌建立了四大研究院；集团坚持做大做强制造业的产业发展方向，目前已成为在全球电力计量设备和中国家电行业具有较高市场地位、通信行业具有较强竞争力和广阔发展前景的大型企业集团。

K 集团的年产能达到电能表 2 500 万只、变压器 320 万千伏安、冰箱 20 万台（OEM）、手机 500 万部（2007 年）、空调 700 万台（2008 年）。其中电能表产能居全球第一，并连续八年产能居全球第一，市场占有率达 30%以上；空调是中国空调行业的前四强，2006 年度销量突破 480 万台。此外，由 K 集团投资 7 亿元建成的医院，是目前中国最大的民营医院；置业年开发房产 80 余万平方米，是排名前列的专业地产开发商，在上海市、江西省、宁波市等地区进行了房产开发。

早在 1999 年 K 集团处于起步阶段，就引进了国内当时最先进的电视会议系统。每月定期召开总部与各驻外机构的"空中会议"，总部可以和分布在全国 70 多家市场公司同时参加会议，展开互动式的沟通交流。"空中会议"不仅决策和信息传达迅速，而且降低了往返会议的差旅费用，降低了成本，节约了时间。虽然 K 集团从信息技术中尝到了甜头，但他们真正的企业信息化是从 ERP 的推行开始的。随着 K 集团业务的不断扩大，集团人发现如果仍沿用传统的管理方式，无论是时间、精力，还是人自身的能力都将远跟不上实际的需要，传统的管理方式便会成为束缚企业发展的瓶颈。公司领导认识到，只有通过彻底的变革才能解决所面临的问题，只有从改善组织结构和业务流程与实施信息化建设两个方面同时入手，并最大限度地实现保证管理系统与信息系统的一致性，才能保证管理效率的提升和管理基础的改善。因此，公司决定实施信息化工程，其中 ERP 是实施的重点内容。

应该集团的要求，我有幸于 2007 年 7 月到 8 月到该集团进行信息化方面调研，了解了集团信息系统的使用情况，以及对企业竞争力的提升作用。主要针对该集团信息化建设的情况，信息系统的使用状况和功能进行了深入的调研，对信息系统自身处理信息的信息能力和效能水平进行了评估。

6.2 K 集团信息系统应用现状

从 2001 年 11 月签订了信息化项目的实施合同开始，集团在管理、经营、制造的方方面面推行了信息化，而信息化也将集团带入了效益的新境界。

集团信息化主要内容如表 6-1 所示。

表 6-1 集团信息化主要内容

信息化涉及方面	信息化的主要内容
制造信息化方面	用 SAP 软件实施完成了空调公司、通信公司、商用空调、进出口等公司从采购、生产、销售、财务到成本的整个 ERP 系统
管理信息化方面	用 LOTUS NOTES 平台开发完成了融合企业文化理念的办公自动化系统，实现了公司各项工作的效能考核及无纸化办公
工程信息化方面	完成了三维 CAD、CAPP、PDM 的实施，并根据企业发展的需要，采用 UG 软件来完成整个集团公司的 PLM 项目的建设
网络平台的搭建方面	已经建成了全集团的智能化网络硬件平台，全集团拥有十多台高档服务器，分别采用 UNIX 系统和 NT 系统，后台数据库用 ORACLE 和 SQL，内部采用千兆主干网，百兆工作站，与外部生产基地采用广电千兆、百兆的点对点的传输，对外部分支机构实行 VPN 虚拟网的连接
其他系统	自主开发完成了基于 WAP 的售后服务系统，借助手机短信的销售信息采集系统，基于互联网的电子商务采购平台等应用系统

集团信息化效果：

(1) 信息系统将企业内部的物流、资金流、信息流集成在一起，实现管理透明化和资源共享，为公司领导决策所用。

(2) 将企业内部的产、供、销、人、财、物等各环节实现电脑化、集成化，为公司的管理提供了一套先进的管理工具。

(3) 通过 ERP 的精确运行，根据生产计划，库存情况及交货时限，计算出该采购哪些物料，采购多少。经过评估，上线后减少库存资金 32%，降低不配套占用资金 35%。

(4) 在财务结算上，结账时限缩短了 80%，从原来的 15 天缩短到了 3 天，并同时确保了资金的合理流向，提高了资金的控制力度。

(5) 通过 ERP 系统，有效地控制了客户的信用额度，对信誉不好的客户系统可以控制发货。

(6)现在全部工作均须围绕系统进行，实现工作流程的简化、优化、固化，杜绝了管理的随意性和人为主观因素。

(7)培养了一大批 ERP 项目实施专家，可以完全依靠自身力量实施关联企业，不断优化系统。

另外，三维 CAD、CAPP、PDM 的实施实现了产品从规划、涉及生产、检验，直到服务的整个生命周期的数据计算机管理，实现无纸设计和无纸制造；提高了产品设计的可靠性，大大缩短产品投放市场的时间；保证了各部门产品数据的一致性、完整性、唯一性并实现产品数据的共享；使产品开发管理具有动态性、应变性、系统性和模拟预见性；为 ERP 系统提供正确、完整的基本数据。VPN 虚拟网的建设让集团总部与世界各地办事处，出差在外的领导实现了无距离的即时网络。电子商务采购平台实现了公司采购信息地发布，网上的询价，公司与供应商实现网上招标、投标，并可通过竞标系统实现网上竞标，另外对采购订单，系统自动进行定时的发送、供应商订单确认，并实现供应商的库存和在途货物的查询。

同时，集团还根据企业自身的情况自行开发了一些系统，其功能具体描述如表 6-2 所示。

表 6-2 集团自行开发的系统及功能

自行开发系统名称	实现功能
售后服务系统	实现了全国 4 500 余个空调服务商从服务单填报到费用结算、投诉处理、技术交流、配件管理等功能
经销商网上自助平台及终端信息采集系统	实现了公司对销售终端的数据采集，包括客户的出入库信息、库存信息、销售信息及竞争对手的信息，时刻掌握市场的动向
电子商务采购平台	实现了公司采购信息的发布，网上的询价，公司与供应商实现网上招标、投标，并可通过竞标系统，实现网上的竞标。另外，对 ERP 的采购的订单，系统自动进行定时的发送、供应商的订单确认，并实现供应商的库存、在途货物的查询
供应商自动付款系统	实现了公司严格按合同、按制度支付各项采购货款，杜绝人为因素对合作伙伴的"扣""卡""压"，提高公司的信誉度，也方便供应商的查询及通过网上银行的结算

通过自主开发既解决了实施 CRM、SCM 系统对目前上下游信息化应用能力不足

的问题，也达到了公司对上下游信息的采集及为上下游客户的服务宗旨，同时也逐步引导上下游客户在信息化应用方面的提升。

在调研即将结束的时候，得知集团将放弃曾极大地提高了企业办事效率并已经为广大员工所认可且熟练操作的 OA 系统，取代它的则是一个名叫 CPC 的系统。集团信息管理部有关人员说明了原因：OA 系统流程设计的更改相对较为复杂，采用的数据库较为陈旧，随着集团规模的不断发展壮大，其模块及一些流程的开发速度已经跟不上企业发展的步伐；另外，ERP、SCM、PLM 等信息化工具在不同层次、不同方面为企业提供解决方案的同时，也导致了企业"信息孤岛"的大量存在，各种信息及数据无法很好的共享与交流。而 CPC（协同商务平台）是一个同时设计产品开发过程、全局协同过程和商业合作过程的复杂解决方案，它不仅仅是软件系统，严格地说它是一种企业管理理念的创新。总之，K 集团要把企业信息化的创新、务实之路进行到底。

6.3　信息系统信息能力评价实例分析

在调研期间，我们重点对集团自己开发的信息系统作了评估数据的采集。我们首先对售后服务系统在某一时刻的数据进行了采集和分析，统计归纳如表 6-3 所示。

表 6-3　售后服务系统在 t 时刻采集数据的统计结果

信息原始状态	信息结果状态
全国销售服务点共计 4 500 个	系统采集到的信息也是来自于 4 500 个服务点
每个服务点在某一时刻服务单 a	每个服务点在某一时刻服务单 a
每个服务点在某一时刻费用结算 b	每个服务点在某一时刻费用结算 b
每个服务点在某一时刻投诉 h	每个服务点在某一时刻投诉 h 根据真实的程度划分为：真实 1；较真实 0.5；不真实 0
每个服务点在某一时刻配件数量 s	每个服务点在某一时刻配件数量 s
每个服务点在某一时刻(t)接受任务	每个服务点在某一时刻处理任务，经过统计，平均处理时间在 1.5 天(最长处理任务时间为 t+3) 各服务点规定最慢在 3 个工作日之内处理任务

(1)根据系统搜寻到的目标数量计算完全性，根据式(4-4)得到：

$$\delta_{Q(t)}=4500/4500=1$$

说明：完全性为 1；公司自身所设置的服务点是可以被全部掌握的。

(2)正确性。每一个服务点都需要提供某一时刻的四个目标参数：服务单 a；费用结算 b；投诉 h(按投诉的状态分为真实 1；较真实 0.5；不真实 0)，取 h=0.5；配件数量 s；也就是说，原始状态的数据经过系统的处理后得到的结果状态，每一个服务点的目标参数除投诉外，全部是真实状态的反映；根据我们的统计投诉的目标参数经过和原始状态信息对比后，一般都是较真实。我们分别计算每个服务点四个目标参数的正确性 C，根据式(4-7)得到：

$$C_1=1；\quad C_2=1；\quad C_3=0.5；\quad C_4=1$$

说明：经过计算每一个服务点所对应的四个目标参数的正确性分别为 C_1、C_2、C_3、C_4 所得到得值，按照式(4-8)计算平均正确率：

$$\delta_{c(t)}=0.875$$

(3)时效性。各服务点规定最慢在 3 个工作日之内处理任务(T=3)；在调研期间，我们对前期数据的统计分析，知道一般情况下平均在 1.5 天内处理任务(延时为 $\Delta t(t)=1.5$)。计算系统的时效性，根据式(4-9)得到：

$$\delta_{T(t)}=0.5$$

(4)计算系统的信息能力，根据式(4-10)得到：

$$I(t)=1\times0.875\times0.5=0.438$$

通过计算出来的数据和理想状态下的信息能力(I=1)进行比较：集团自行开发的售后服务系统来说，系统的信息能力处于中等水平，主要是集团目前的服务点比较多，在 4 500 个目标同时存在的状态下，这样的信息能力还是很强。需要集团采取有效的措施，应对服务点数量较多的情况下，提高信息系统的信息能力。此外，可以通过有效的奖励措施缩短每个服务点处理任务的延时，这样也可以提高系统的信息能力。

6.4　信息系统效能水平评价实例分析

在调研期间我们对集团目前运行的 OA 办公系统作了效能水平的分析，经过验证和集团目前信息系统的使用状况是非常吻合的。验证过程如下。

6.4.1　权重的确定

采用模糊 AHP 法确定指标权重。

(1) 由三位专家给出顶层指标之间相对模糊判断，如表 6-4 所示。

说明：将评价指标的优劣等级制定为 5 级评分等级标准并分别赋值（评分）9、7、5、3、1（单位：分），指标等级介于两相邻等级之间时评分为 8、6、4、2（单位：分）。

表 6-4　相对模糊判断矩阵

	U_1	U_2	U_3
U_1	(1　1　1)	$\begin{bmatrix}1.33 & 2 & 2.63\\0.5 & 1 & 1.67\\3.33 & 4 & 4.67\end{bmatrix}$	$\begin{bmatrix}0.4 & 0.5 & 0.67\\1.67 & 2 & 2.5\\0.91 & 1.33 & 1.85\end{bmatrix}$
U_2	$\begin{bmatrix}0.38 & 0.50 & 0.75\\0.60 & 1.00 & 2.00\\0.21 & 0.25 & 0.30\end{bmatrix}$	(1　1　1)	$\begin{bmatrix}1.28 & 1.67 & 2.63\\2.33 & 3.03 & 3.57\\2.13 & 3.13 & 4.67\end{bmatrix}$
U_3	$\begin{bmatrix}1.5 & 2 & 2.5\\0.4 & 0.5 & 0.6\\0.54 & 0.75 & 1.1\end{bmatrix}$	$\begin{bmatrix}0.38 & 0.60 & 0.78\\0.28 & 0.33 & 0.43\\0.21 & 0.32 & 0.47\end{bmatrix}$	(1　1　1)

求得第 k 层的综合三角模糊度，如表 6-5 所示。

表 6-5　综合三角模糊数

	U_1	U_2	U_3
U_1	(1　1　1)	(1.72 2.33 3.02)	(0.99 1.28 1.68)
U_2	(0.4 0.58 1.02)	(1　1　1)	(1.91 2.61 3.65)
U_3	(0.81 1.08 1.4)	(0.29 0.42 0.56)	(1　1　1)

计算出各因素对下层而言相比较的综合模糊重要程度值：

$$S_1 = (6.69 \quad 8.26 \quad 11.2) \times \left(\frac{1}{40.64} \quad \frac{1}{30.74} \quad \frac{1}{23.69} \right) = (0.16 \quad 0.28 \quad 0.47)$$

$$S_2 = (5.06 \quad 6.44 \quad 8.7) \times \left(\frac{1}{40.64} \quad \frac{1}{30.74} \quad \frac{1}{23.69} \right) = (0.12 \quad 0.21 \quad 0.37)$$

$$S_3 = (4.02 \quad 5.23 \quad 6.74) \times \left(\frac{1}{40.64} \quad \frac{1}{30.74} \quad \frac{1}{23.69} \right) = (0.10 \quad 0.17 \quad 0.28)$$

$$V(S_1 \geqslant S_2) = 1 \, , \quad V(S_1 \geqslant S_3) = 1$$

$$V(S_2 \geqslant S_1) = \frac{0.16 - 0.37}{(0.21 - 0.37) - (0.28 - 0.16)} = 0.75$$

$$V(S_2 \geqslant S_3) = 1$$

$$V(S_3 \geqslant S_1) = \frac{0.16 - 0.28}{(0.17 - 0.28) - (0.28 - 0.16)} = 0.52$$

$$V(S_3 \geqslant S_2) = \frac{0.12 - 0.28}{(0.17 - 0.28) - (0.21 - 0.12)} = 0.8$$

归一化得评价指标 U_i 的权重集 $A = (A_1, A_2, A_3) = (0.293, 0.340, 0.367)$

(2) 由专家对第二层指标进行评价，得到模糊判断矩阵，采用步骤一的方法，求出第二层指标的权重。U_{1j}、U_{2j}、U_{3j} 的权重集分别为

$A_1 = (0.236, \ 0.211, \ 0.175, \ 0.148, \ 0.231)$

$A_2 = (0.226, \ 0.245, \ 0.166, \ 0.363)$

$A_3 = (0.372, \ 0.224, \ 0.404)$

6.4.2 综合评价

(1) 组织专家对企业进行调研，在调研的基础上进行评分，评分结果如表 6-6 所示。设 $p = 8$，$k = 1, 2, \cdots, 8$。有八位评价专家，各评价专家按评分等级标准打分。

表 6-6　指标的评分总表

指标＼专家	1	2	3	4	5	6	7	8
U_{11}	5	6	9	2	3	3	6	9
U_{12}	4	9	8	4	1	3	5	4
U_{13}	2	6	9	7	6	1	3	3
U_{14}	7	9	6	6	6	7	1	8
U_{15}	9	1	2	4	1	7	2	3
U_{21}	1	8	1	2	6	9	4	7
U_{22}	2	2	4	7	3	2	6	1
U_{23}	6	8	1	3	7	4	3	7
U_{24}	3	8	7	7	3	2	6	1
U_{31}	4	3	3	6	6	8	9	4
U_{32}	2	4	6	6	6	6	2	6
U_{33}	8	3	7	9	6	3	2	6

(2) 计算灰色评价系数。对评价指标 U_{11}，企业属于第 e 个评价灰类的灰色评价系数 X_{11e}，按照公式计算得

$e=1$，$X_{111}=4.778$；$e=2$，$X_{112}=5.268$；$e=3$，$X_{113}=5$；

$e=4$，$X_{114}=3.333$；$e=5$，$X_{115}=0$。

对评价指标 U_{11}，属于各个评价灰类的总灰色评价数 X_{11} 为 $\sum\limits_{e=1}^{5} X_{11e}=18.396$。

同理可得其他指标的灰色评价系数和总灰色评价数。

(3) 计算灰色评价权矩阵，得到对应于 U_1、U_2、U_3 灰色评价权矩阵 R_1、R_2、R_3。

$$R_1 = \begin{bmatrix} 0.367 & 0.293 & 0.246 & 0.137 & 0.059 \\ 0.204 & 0.246 & 0.280 & 0.216 & 0.054 \\ 0.209 & 0.252 & 0.255 & 0.284 & 0.000 \\ 0.276 & 0.305 & 0.264 & 0.096 & 0.058 \\ 0.227 & 0.292 & 0.327 & 0.153 & 0.000 \end{bmatrix}$$

$$R_2 = \begin{bmatrix} 0.258 & 0.279 & 0.221 & 0.122 & 0.122 \\ 0.195 & 0.251 & 0.281 & 0.215 & 0.059 \\ 0.242 & 0.296 & 0.262 & 0.144 & 0.055 \\ 0.247 & 0.248 & 0.231 & 0.176 & 0.059 \end{bmatrix}$$

$$R_3 = \begin{bmatrix} 0.260 & 0.287 & 0.272 & 0.181 & 0.000 \\ 0.210 & 0.270 & 0.309 & 0.210 & 0.000 \\ 0.281 & 0.312 & 0.253 & 0.153 & 0.000 \end{bmatrix}$$

(4) 对 U_1、U_2、U_3 作综合评价，其综合评价结果 B_1、B_2、B_3 分别为

$$B_1 = (0.249, \ 0.274, \ 0.248, \ 0.170, \ 0.059)$$

$$B_2 = (0.236, \ 0.277, \ 0.247, \ 0.168, \ 0.073)$$

$$B_3 = (0.278, \ 0.301, \ 0.257, \ 0.148, \ 0.016)$$

(5) 对 U 作综合评价，由 B_1、B_2、B_3 得 OA 系统的总灰色评价矩阵 R 为

$$R = \begin{bmatrix} 0.249 & 0.274 & 0.248 & 0.170 & 0.059 \\ 0.236 & 0.277 & 0.247 & 0.168 & 0.073 \\ 0.278 & 0.301 & 0.257 & 0.148 & 0.016 \end{bmatrix}$$

其综合评价结果为

$$B = (0.253, \ 0.283, \ 0.273, \ 0.178, \ 0.049)$$

归一化处理：设各评价灰类等级值化向量为 $D = (0.9, \ 0.7, \ 0.5, \ 0.3, \ 0.1)$，则被评系统的综合评价值 $W = BD^T = 0.621$。因此，该系统效能达到中等水平。

目前，企业 OA 系统效能水平为中等，即在信息采集、处理和输出过程中存在一些问题，需要进行改进。这和企业信息部有关人员分析的一致。因为 OA 系统采用的一些技术不能跟上企业发展的步伐，尤其随着企业规模的不断发展和壮大。需要采用新的信息系统代替它的功能，来协助企业更好地完成有关任务。这和我们在企业调研的结果是吻合的。

6.5　H 集团简介

H 集团成立于 1986 年，现拥有总资产 80 亿元、员工 3 万名，涉足电力、家电、能源、通信四大制造业，以及房产、医疗、物流三大投资项目。2006 年，企业实现销售收入 180 亿元(其中出口 3.2 亿美元)、利润 8.6 亿元。目前，该集团是中国 500 强企业、中国大企业集团竞争力前 25 强、中国信息化标杆企业、国家重点火炬高新技术企业。该集团是中国空调行业的前四强，2006 年度空调销量突破 480 万台。

经过五年的发展和建设，该集团在信息化领域的投资已累计达到 6 000 万元。截至目前，先后引入了 ERP(企业资源计划)、OA(办公自动化)、PLM(产品全生命周期管理)、HER(人力资源管理)、CRM(客户关系管理)、渠道管理、电子商务采购平台、资金管理、设备资产管理、标准全文数据库、Pro/E、CAPP 等多个国际高端系统和软件；同时，自主开发了车费结算系统、计量器具管理系统、巡回检查系统、工资管理程序等 20 余种辅助系统。

在企业全体员工长期不懈的努力下，在顺利实施产业升级战略、人才战略、国际化战略的基础上，该企业正发展成为全球制造业极具影响力的大型企业集团。

应该集团的要求，我有幸于 2008 年 7 月到 8 月到该集团进行信息化方面调研，了解了该企业信息系统的使用情况，以及对企业竞争力的提升所起到的作用。主要针对该集团信息化建设的基本情况，信息系统的使用状况和功能进行了深入的调研，对信息系统自身处理信息的信息能力和效能水平进行了评估。

6.6　H 集团信息系统应用现状

自企业实施信息化开始，集团在管理经营制造的方方面面都推行了信息化，而信息化也给该集团带来了很好的效益。

H 集团信息化的基本情况及企业的决策和企业的效果如表 6-7 所示。

表 6-7　集团信息化主要内容及其效果

信息系统使用情况	通过 ERP 系统，全面管理企业的生产、销售活动，实现物料、财务、人力等资源的管理，加强成本控制；通过电子商务平台进行采购管理
	通过"金钥匙"工程收集要货计划、库存、销量数据等，分析市场趋势；通过 PLM 系统进行协同产品设计，支持新产品开发；分析产品质量和顾客服务问题；与经销商联合定价，开展促销活动
	用 LOTUS NOTES 平台开发完成了办公自动化系统，实现了公司各项工作的效能考核及无纸化办公
	完成了三维 CAD、CAPP、PDM 的实施，并根据企业发展的需要，采用 UG 软件来完成整个集团公司的 PLM 项目的建设
	已经建成了全集团的智能化网络硬件平台，全集团拥有十多台高档服务器，分别采用 UNIX 系统和 NT 系统，后台数据库用 ORACLE 和 SQL，内部采用千兆主干网，百兆工作站，与外部生产基地采用广电千兆、百兆的点对点的传输，对外部分支机构实行 VPN 虚拟网的连接
	自主开发完成了基于 WAP 的售后服务系统，借助手机短信的销售信息采集系统，基于互联网的电子商务采购平台等应用系统
经营管理	确定企业的经营方针、目标、经营计划，制订生产计划大纲，进行产品报价等
生产预测销售管理	对产品需求、生产能力、消耗品需要量等进行预测，编制销售计划；销售合同台账的维护；合同的统计；合同的分类查询；合同的监督执行；销售分析；客户档案管理
主生产计划	主生产计划的编制与维护；生产资源计划的编制及平衡核算；企业主要经济指标核算；模拟不同的主生产计划对生产资源和经济指标的影响，选择最佳方案
厂级作业计划	生成各生产车间月或周生产作业计划、外协、外购计划；生成能力需求计划并进行能力平衡核算；产生计划例外信息；具有原始需求追踪的功能；支持成组工艺、柔性制造和传统机群式的生产组织方式
车间作业计划	车间作业计划的编制；短期能力平衡；车间任务下达并维护库存已分配量和可用库存；打印加工路线单；打印装配分检单，并进行成套缺件分析
生产监控	监督车间在制品任务的执行，打印任务拖期报告；完成任务处理；工序进度报告，在线数据采集；车间作业统计
库存管理	建立与维护库存主文件和流水账文件；库存单位换算；产生库存报表；对独立需求的物料产生采购计划；库存资金占用分析，成套缺件分析、超储积压分析等；清仓盘库处理；出/入库操作；支持与自动化立体仓库的联机处理；支持同一物品在不同仓库，多货位存放
物资供应	编制物资供应计划并进行平衡核算；物资供应合同的建立与维护；非生产物料维护；合同统计分析；物资在运与待检管理；合同执行监督、合同交货拖期报告；按各种分类方法查询并打印采购合同；供应商档案维护

续表

设备管理	设备台账管理：分类设备的查询与打印；设备能力数据维护：设备运行、利用率、完好状况、维修费用统计；设备维修计划编制；设备预防性维修计划编制；设备备件库存管理
工具管理	工具库存管理；工装需求计划编制；工装消耗定额及工装寿命数据维护；工装维修及报废处理
人事管理	职工基本信息、人事档案管理；进行人才结构分析与预测，制订培训计划；根据生产计划大纲，编制全年劳动计划、职工人数计划、工资总额计划；进行人力资源的日常维护；进行全厂劳动统计；产生各种人员报表；产生劳动统计报表
财务管理	会计科目管理；财务管理；财务核算；固定资产管理；财务分析
成本管理	基本成本数据维护；计划成本计算；实际成本核算；成本分析
基本数据	基本数据维护；数据合理性、完整性检查；产品结构复制和零部件成批替换功能；工程改变控制；工厂日历维护
综合信息	企业基本情况查询；企业当前生产、经营情况查询；生产中的问题查询；企业领导所关心的其他问题
生产准备	执行标准网络计算，找出关键路径；生产技术计划的查询和打印；生产技术准备计划进度的汇报
操作决策方面	能快速、准确地处理客户订单，根据订单处理结果，及时调整库存，编排配送计划，提供售后服务、技术支持
管理决策方面	通过市场监控与分析，企业的决策者能够快速对市场做出预测，决定企业开发哪些新产品、开拓哪些市场、引入哪些新技术等。这些决策符合企业的战略
财务绩效方面	产品开发成本、制造成本、直接材料成本低，物流成本和交易成本低，平均利润较高
市场绩效方面	近三年来，销售增长率超过 30%，市场份额不断攀升。产品和服务的质量正在不断改善

集团信息化的效果：

(1)将企业内部的产、供、销、人、财、物等各环节实现电脑化、集成化，为公司的管理提供了一套先进的管理工具。能快速、准确地处理客户订单，根据订单处理结果，及时调整库存，编排配送计划，提供售后服务、技术支持。

(2)信息系统将企业内部的物流、资金流、信息流集成在一起，实现管理透明化和资源共享，为公司领导决策所用。通过市场监控与分析，企业的决策者能够快速对市场作出预测，决定企业开发哪些新产品、开拓哪些市场、引入哪些新技术等。这些决策符合企业的战略。

(3)通过 ERP 的精确运行，根据生产计划，库存情况及交货时限，计算出该采购哪些物料，采购多少。经过评估，上线后减少库存资金 30%，降低不配套占用资金 33%。产品开发成本、制造成本、直接材料成本低，物流成本和交易成本低，平均利润较高。

(4)在财务结算上，结账时限缩短了 74%，从原来的 15 天缩短到了 4 天，并同时确保了资金的合理流向，提高了资金的控制力度。近三年来，销售增长率超过 32%，市场份额不断攀升。产品和服务的质量正在不断改善。

另外，三维 CAD、CAPP、PDM 的实施实现了产品从规划、涉及生产、检验，直到服务的整个生命周期的数据计算机管理，实现无纸设计和无纸制造；提高了产品设计的可靠性，大大缩短产品投放市场的时间；保证了各部门产品数据的一致性、完整性、唯一性并实现产品数据的共享；使产品开发管理具有动态性、应变性、系统性和模拟预见性；为 ERP 系统提供正确、完整的基本数据。电子商务采购平台实现了公司采购信息地发布，网上的询价，公司与供应商实现网上招标、投标，并可通过竞标系统实现网上竞标，另外对采购订单，系统自动进行定时的发送、供应商订单确认，并实现供应商的库存和在途货物的查询。

同时，集团还根据企业自身的情况自行开发了一些系统，其功能具体描述如表 6-8所示。

表 6-8 集团自行开发的系统及功能

自行开发系统名称	实现功能
售后服务系统	实现了全国 5 000 余个空调服务商从服务单填报到费用结算、投诉处理、技术交流、配件管理等功能
电子商务采购平台	实现了公司采购信息的发布，网上的询价，公司与供应商实现网上招标、投标，另外对 ERP 的采购的订单，系统自动进行定时的发送、供应商的订单确认，并实现供应商的库存、在途货物的查询
巡回检查系统	实现了公司严格按合同、按制度支付各项采购货款，杜绝人为因素对合作伙伴的"扣""卡""压"，提高公司的信誉度
工资管理程序系统	对员工的工资进行有效的管理，避免人为因素造成的工资福利错误，对员工的各项福利享受的情况进行监督和控制

通过自主开发既解决了实施 CRM、SCM 系统对目前上下游信息化应用能力不足

的问题，也达到了公司对上下游信息的采集及为上下游客户的服务宗旨，同时也逐步引导上下游客户在信息化应用方面的提升。

6.7 信息系统信息能力评价实例分析

在调研期间，我们重点对 H 集团自己开发的信息系统作了评估数据的采集。我们首先对售后服务系统在某一时刻的数据进行了采集和分析，统计归纳如表 6-9 所示。

表 6-9 售后服务系统在 t 时刻采集数据的统计结果

信息原始状态	信息结果状态
全国销售服务点共计 5 000 个	系统采集到的信息也是来自于 5 000 个服务点
每个服务点在某一时刻服务单 a	每个服务点在某一时刻服务单 a
每个服务点在某一时刻费用结算 b	每个服务点在某一时刻费用结算 b
每个服务点在某一时刻投诉 h	每个服务点在某一时刻投诉 h，根据真实的程度划分为：真实 1；较真实 0.5；不真实 0
每个服务点在某一时刻配件数量 s	每个服务点在某一时刻配件数量 s
每个服务点在某一时刻(t)接受任务	每个服务点在某一时刻处理任务，经过统计，平均处理时间在 2 天(最长处理任务时间为 t+3.5)，各服务点规定最慢在 3.5 个工作日之内处理任务

(1) 根据系统搜寻到的目标数量计算完备性，根据式(4-4)得到：

$$\delta_{Q(t)}=5000/5000=1$$

说明：完全性为 1；公司自身所设置的服务点是可以被全部掌握的。

(2) 正确性。每一个服务点都需要提供某一时刻的四个目标参数：服务单 a；费用结算 b；投诉 h(按投诉的状态分为真实 1；较真实 0.5；不真实 0)，取 h=0.5；配件数量 s；也就是说，原始状态的数据经过系统的处理后得到的结果状态，每一个服务点的目标参数除投诉外，全部是真实状态的反映；根据我们的统计投诉的目标参数经过和原始状态信息对比后，一般都是较真实。我们分别计算每个服务点四个目标参数的正确性 C，根据式(4-7)得到：

$$C_1=1；\quad C_2=1；\quad C_3=0.5；\quad C_4=1$$

说明：经过计算每一个服务点所对应的四个目标参数的正确性分别为 C_1、C_2、C_3、C_4 所得到得值，按照式(4-8)计算平均正确率：

$$\delta_{C(t)}=0.875$$

(3)时效性。各服务点规定最慢在 3.5 个工作日之内处理任务(T=3.5)；在调研期间，我们对前期数据的统计分析，知道一般情况下平均在 2 天内处理任务(延时为 $\Delta t(t)=2$)。计算系统的时效性，根据式(4-9)得到：

$$\delta_{T(t)}=0.57$$

(4)计算系统的信息能力，根据式(4-10)得到：

$$I(t)=1\times0.875\times0.57=0.50$$

通过计算出来的数据和理想状态下的信息能力(I=1)进行比较：集团自行开发的售后服务系统来说，系统的信息能力处于中等水平，主要是集团目前的服务点比较多，在 5 000 个目标同时存在的状态下，这样的信息能力还是很强的。需要集团采取有效的措施，应对服务点数量较多的情况下，提高信息系统的信息能力。此外，可以通过有效的奖励措施缩短每个服务点处理任务的延时，这样也可以提高系统的信息能力。

6.8　信息系统效能水平评价实例分析

在调研期间我们对集团目前运行的 OA 系统作了效能水平的分析，经过验证，这和集团目前信息系统的使用状况是非常吻合的。验证过程如下。

6.8.1　权重的确定

采用模糊 AHP 法确定指标权重。

(1)由三位专家给出顶层指标之间相对模糊判断，如表 6-10 所示。

说明：将评价指标的优劣等级制定为 5 级评分等级标准并分别赋值(评分)9、7、5、3、1(单位：分)。指标等级介于两相邻等级之间时评分为 8、6、4、2(单位：分)。

表 6-10　相对模糊判断矩阵

	U_1	U_2	U_3
U_1	$(1 \quad 1 \quad 1)$	$\begin{bmatrix} 1.22 & 2 & 2.53 \\ 0.5 & 1 & 1.66 \\ 3.43 & 4 & 4.47 \end{bmatrix}$	$\begin{bmatrix} 0.5 & 0.4 & 0.57 \\ 1.65 & 2 & 2.6 \\ 0.81 & 1.33 & 1.75 \end{bmatrix}$
U_2	$\begin{bmatrix} 0.48 & 0.50 & 0.85 \\ 0.60 & 1.00 & 2.00 \\ 0.24 & 0.25 & 0.30 \end{bmatrix}$	$(1 \quad 1 \quad 1)$	$\begin{bmatrix} 1.28 & 1.67 & 2.63 \\ 2.33 & 3.13 & 3.67 \\ 2.23 & 3.13 & 4.37 \end{bmatrix}$
U_3	$\begin{bmatrix} 1.5 & 2 & 2.5 \\ 0.4 & 0.5 & 0.6 \\ 0.55 & 0.85 & 1.1 \end{bmatrix}$	$\begin{bmatrix} 0.36 & 0.60 & 0.68 \\ 0.28 & 0.23 & 0.43 \\ 0.21 & 0.32 & 0.37 \end{bmatrix}$	$(1 \quad 1 \quad 1)$

求得第 k 层的综合三角模糊度，如表 6-11 所示。

表 6-11　综合三角模糊数

	U_1	U_2	U_3
U_1	$(1 \quad 1 \quad 1)$	$(1.73 \ 2.32 \ 3.02)$	$(0.98 \ 1.27 \ 1.69)$
U_2	$(0.41 \ 0.57 \ 1.03)$	$(1 \quad 1 \quad 1)$	$(1.91 \ 2.62 \ 3.66)$
U_2	$(0.82 \ 1.09 \ 1.4)$	$(0.29 \ 0.43 \ 0.56)$	$(1 \quad 1 \quad 1)$

计算出各因素对下层而言相比较的综合模糊重要程度值：

$$S_1 = (6.68 \quad 8.27 \quad 11.2) \times \left(\frac{1}{40.65} \quad \frac{1}{30.75} \quad \frac{1}{23.68} \right) = (0.16 \quad 0.28 \quad 0.47)$$

$$S_2 = (5.07 \quad 6.45 \quad 8.8) \times \left(\frac{1}{40.65} \quad \frac{1}{30.75} \quad \frac{1}{23.68} \right) = (0.12 \quad 0.21 \quad 0.37)$$

$$S_3 = (4.03 \quad 5.24 \quad 6.72) \times \left(\frac{1}{40.65} \quad \frac{1}{30.75} \quad \frac{1}{23.68} \right) = (0.10 \quad 0.17 \quad 0.28)$$

$$V(S_1 \geqslant S_2)=1 \, , \quad V(S_1 \geqslant S_3)=1$$

$$V(S_2 \geqslant S_1)=\frac{0.16-0.37}{(0.21-0.37)-(0.28-0.16)}=0.75$$

$$V(S_2 \geqslant S_3)=1$$

$$V(S_3 \geqslant S_1)=\frac{0.16-0.28}{(0.17-0.28)-(0.28-0.16)}=0.52$$

$$V(S_3 \geqslant S_2)=\frac{0.12-0.28}{(0.17-0.28)-(0.21-0.12)}=0.8$$

归一化得评价指标 U_i 的权重集 $A=(A_1, A_2, A_3)=(0.293, 0.340, 0.367)$

(2)由专家对第二层指标进行评价，得到模糊判断矩阵，采用步骤一的方法，求出第二层指标的权重。U_{1j}、U_{2j}、U_{3j} 的权重集分别为

$$A_1=(0.236，0.211，0.175，0.148，0.231)$$

$$A_2=(0.226，0.245，0.166，0.363)$$

$$A_3=(0.372，0.224，0.404)$$

6.8.2 综合评价

(1)组织专家对企业进行调研，在调研的基础上进行评分，评分结果如表 6-12 所示。设 $p=8$，$k=1$，2，$\cdots$，8。有八位评价专家，各评价专家按评分等级标准打分。

表 6-12 指标的评分总表

指标 \ 专家	1	2	3	4	5	6	7	8
U_{11}	5	5	8	2	3	3	7	9
U_{12}	4	8	8	4	1	3	5	4
U_{13}	2	6	9	6	6	1	3	3
U_{14}	7	9	6	6	6	7	1	8

续表

指标＼专家	1	2	3	4	5	6	7	8
U_{15}	9	1	2	4	1	7	2	3
U_{21}	1	8	1	2	6	9	4	7
U_{22}	2	2	4	7	3	2	6	1
U_{23}	6	8	1	3	7	5	3	7
U_{24}	3	8	8	7	3	2	6	1
U_{31}	4	3	3	6	6	8	9	4
U_{32}	2	4	4	3	6	6	2	6
U_{33}	8	3	7	9	7	3	3	6

(2)计算灰色评价系数。对评价指标 U_{11}，企业属于第 e 个评价灰类的灰色评价系数 X_{11e}，按照公式计算得

$e=1$，$X_{111}=4.776$；$e=2$，$X_{112}=5.269$；$e=3$，$X_{113}=5$；

$e=4$，$X_{114}=3.332$；$e=5$，$X_{115}=0$。

对评价指标 U_{11}，属于各个评价灰类的总灰色评价数 X_{11} 为

$$\sum_{e=1}^{5} X_{11e} = 18.394。$$

同理可得其他指标的灰色评价系数和总灰色评价数。

(3)计算灰色评价权矩阵，得到对应于 U_1、U_2、U_3 灰色评价权矩阵 R_1、R_2、R_3。

$$R_1 = \begin{bmatrix} 0.366 & 0.294 & 0.245 & 0.138 & 0.059 \\ 0.214 & 0.245 & 0.281 & 0.218 & 0.054 \\ 0.219 & 0.242 & 0.245 & 0.264 & 0.000 \\ 0.256 & 0.335 & 0.267 & 0.094 & 0.059 \\ 0.237 & 0.293 & 0.327 & 0.154 & 0.000 \end{bmatrix}$$

$$R_2 = \begin{bmatrix} 0.257 & 0.278 & 0.222 & 0.123 & 0.124 \\ 0.193 & 0.254 & 0.282 & 0.216 & 0.059 \\ 0.243 & 0.295 & 0.262 & 0.145 & 0.055 \\ 0.247 & 0.248 & 0.234 & 0.176 & 0.059 \end{bmatrix}$$

$$R_3 = \begin{bmatrix} 0.260 & 0.286 & 0.272 & 0.181 & 0.000 \\ 0.210 & 0.270 & 0.309 & 0.212 & 0.000 \\ 0.281 & 0.311 & 0.252 & 0.155 & 0.000 \end{bmatrix}$$

(4)对 U_1、U_2、U_3 作综合评价，其综合评价结果 B_1、B_2、B_3 分别为

$$B_1 = (0.249, \ 0.273, \ 0.245, \ 0.171, \ 0.059)$$

$$B_2 = (0.235, \ 0.277, \ 0.247, \ 0.167, \ 0.073)$$

$$B_3 = (0.278, \ 0.302, \ 0.258, \ 0.149, \ 0.016)$$

(5)对 U 作综合评价，由 B_1、B_2、B_3 得 OA 系统的总灰色评价矩阵 R 为

$$R = \begin{bmatrix} 0.249 & 0.275 & 0.248 & 0.170 & 0.059 \\ 0.236 & 0.276 & 0.247 & 0.167 & 0.073 \\ 0.275 & 0.302 & 0.258 & 0.149 & 0.016 \end{bmatrix}$$

其综合评价结果为

$$B = (0.254, \ 0.282, \ 0.272, \ 0.178, \ 0.049)$$

归一化处理：设各评价灰类等级值化向量为 $D = (0.9, \ 0.7, \ 0.5, \ 0.3, \ 0.1)$，则被评系统的综合评价值 $W = BD^T = 0.62$。因此，该系统效能达到中等水平。

目前，企业 OA 系统效能水平为中等，即在信息采集、处理和输出过程中存在一些问题，需要进行改进。这和企业信息研究部有关工作人员分析的相一致。因为 OA 系统采用的一些技术不能跟上企业发展的步伐，尤其随着企业规模的不断发展和壮大。需要采用新的信息系统代替它的功能，来协助企业更好地完成有关任务。这和我们在企业调研的结果是吻合的。企业目前正在做办公系统的更新工作，以期使企业的工作效率更高。

6.9　结　　论

通过上述两个集团的实例研究和验证，证明了信息系统能力评价模型的正确性，并表明了该模型具有很强的可操作性，对企业信息系统的技术改进具有重要的指导作用。同时从该案例中，可以得到以下结论：

(1)在信息化实施水平比较高的大型制造类企业，企业管理水平是比较完善的，可以通过信息化工程促进企业竞争力持续提升。但不能忽视信息系统在信息化进程中的作用。需要考虑通过某些环节和措施的采取，进一步提升信息系统在企业中的作用，从信息系统能力角度来不断地促进提升企业竞争优势，进一步改进策略提升企业管理水平。回首上述 K 集团和 H 集团发展历程，信息化一直随着企业发展而不断深入。K 集团和 H 集团之所以能够形成信息化优势，并将这种优势转变成竞争优势，是因为积累了丰富的信息系统资源集合，并从这些资源中分析出了超强的信息系统能力集合。

(2)只有不断地维护和改进信息系统的能力，才能增强其在企业中的生存能力，在变化的环境中，能够搜集更多的信息，为企业决策提供更可靠的量化依据，提高信息系统的效能水平。通过对某些指标的提升进行系统的技术改进，增强系统处理信息的能力，使得信息系统的能力不断改善，从而进一步提升企业的竞争优势，增强企业竞争力。

(3)在信息系统处理信息的全过程的量化分析中，我们可以感受到在瞬息变化的环境中，只有不断地通过技术的改进以及随着企业管理水平和管理理念的创新，来促进信息系统能力的提升，来满足企业发展的需要，使其为企业竞争优势的持续提升，发挥信息系统能力。

(4)在信息系统人力资源方面，两集团都形成了一支具备丰富经验的集系统分析、开发设计、软件实施、操作应用、品质管理的科技队伍，专门成立了拥有来自不同大学以上专业技术人员的信息中心，并具有分布在各个业务部门的近百名经过系统培训并持有信息系统操作上岗证的最终用户。

(5)在信息系统技术资源方面，两集团都已投资上亿元建设业务系统，拥有CAD、MIS、ERP、SCM、SYBASE 数据库等的计算机系统及相关设备上千台套，拥有电脑上千多台，管理人员电脑使用率已超过 98%，采用宽带网技术实现了总部与全国生产基地、广大销售客户间的高速互联。

(6)在信息系统关系资源方面，两集团与信息系统技术供应商保持了良好的关系，遇到不能解决的紧急问题，可以随时在线联系供应商进行咨询，供应商在 24 小时内回答解决客户的问题；与此同时，各业务部门也可以在 24 小时之内得到信息中心服务的响应。

(7)两集团都认为信息系统所支持的不是现有流程，而是变革后的流程，即信息系统应用与业务流程变革同步集成进行。因此，在业务流程方面，两集团通过对企业核心流程、支持流程、业务网络流程、管理流程的变革，共整理、优化内容涵盖销售、生产、采购供应、运输和财务共 120 多个业务流程。

(8)在信息系统职能能力方面，两集团能够有效集成信息系统人力资源与信息系统关系资源发展出信息系统规划能力、获取能力、操作能力与控制能力，并对信息系统支持能力产生积极影响。公司总经理及各部门主管人员、业务骨干都能够积极参与，并以实事求是、重点解决企业发展的关键问题和根本性问题来指导公司的年度和中期的信息系统规划制订。在长期的合作过程中，两集团与德国 SAP 等软件供应商形成了战略合作伙伴关系，不仅能够低成本地进行系统配置，还能借助他们的平台开发增强功能。信息中心不仅通过培训增强用户的操作能力，而且还制定了面向用户的服务标准和质量评价机制来保证用户能够熟练应用信息系统。此外，公司能够定期通过专门的评价工具和流程对项目开发进度和质量以及项目经济绩效进行客观考评，做到及时发现问题并纠正问题，从而提出信息系统的改进方案，不断促进企业竞争力的不断提升。

第 7 章

全书总结与展望

7.1　本书主要研究成果

制造业在我国国民经济中占有重要地位。制造业的快速稳定发展对于我国工业化进程的顺利进行具有重要意义,制造业信息化是提升我国制造业竞争力和综合国力的重要手段。信息系统的应用与实施是当前我国制造业信息化的重要内容,取得了一定的成功,发挥了信息系统的能力和作用。

本书主要以制造业企业信息化工程为背景,以实施信息化水平和效果较成功的企业为研究对象,围绕信息系统能力评价及通过信息系统的技术改进促进信息系统能力的提升等问题展开研究,主要取得了如下研究成果:

(1)在 MIE 环境下,随着信息化、网络化和企业进一步发展,探讨信息系统能力对企业持续竞争优势的提升所起到的作用,以及具体应用情况,找到信息系统能力评价的基本点。

(2)从信息系统的概念出发,研究信息系统处理信息的全过程,提出了信息系统的信息能力和效能水平的定义,建立了评价模型,进行了定性与定量相结合的评价研究。

(3)通过建立基于信息系统应变能力的信息系统信息能力三维评价模型,构建了信息能力评价指标体系,应用数学方法定量分析,考察了信息系统感知企业内外部环境的应变能力。

(4)通过模糊综合评价方法从信息系统处理信息的过程对效能水平进行评价研究,构建评价指标体系,并利用模糊 AHP 法确定各评价指标权重,建立评价模型进行定量分析，判断信息系统效能水平，对信息系统的改善及企业管理理念的创新提供量化依据。

本书的研究内容不但在学术上具有重要研究价值，对于提高我国企业信息系统能力及信息化水平也具有十分重要的意义。作者希望通过自己的工作，为我国制造企业信息化工程提供有效的理论指导和具有一定参考价值和实践意义的技术实现工具。

7.2　进一步研究展望

本书虽然在企业信息系统能力评价及如何进一步提升企业竞争力而对信息系统进行技术改进等方面取得了一定的进展，但由于作者学术水平、企业实践经验，以及时间和精力的限制，故此涉及的许多方面还需要进一步深入研究，主要包括以下方面：

（1）信息系统能力包括很多方面，本书仅从信息系统处理信息的全过程来定性与定量分析信息系统的信息能力和效能水平。应该可以扩展到其他方面的能力，采用合适的方法进行定量分析。

（2）本书主要以信息化实施效果和水平比较好的制造企业为研究对象，忽略了实施信息化过程中的很多问题，仅就成功实施后的信息系统能力进行了定量分析。实际上信息系统的信息能力和效能水平还会受到很多因素的影响。本书在研究中都忽略了。

（3）从全方位的角度来分析信息系统能力，建立信息系统能力的概念模型，建立一套系统的定量分析信息系统能力的方法。

参 考 文 献

[1] 杨学山. 企业信息化建设与管理. 北京: 北京出版社, 2001

[2] 赖茂生. 企业信息化知识手册. 北京: 北京出版社, 1999

[3] 梁滨. 企业信息化的基础理论与评价方法. 北京: 科学出版社, 2000

[4] 王众托. 信息化与管理变革. 管理科学学报, 2000, (6): 1-8

[5] 肖开锋. 浅析企业信息系统的发展趋势. 中国管理信息化, 2008, (8): 86-89

[6] 薛亮, 方瑜. 农业信息化. 北京: 京华出版社, 1998: 12-13

[7] 我国制造业确定信息化"时间表". 长春日报, 1999-12-21, 第七版

[8] 杨海成等. 制造业信息化工程——背景、内容与案例. 北京: 机械工业出版社, 2002

[9] 国家制造业信息化工程重大项目管理办公室. 制造业信息化技术问答, 2002

[10] 杨海成. 制造业信息化工程总体实施方案. 航空制造技术, 2002, 7(7): 17-22

[11] 石娟, 齐二石. 加快农业信息化建设的策略研究. 中国农机化, 2009, 9(5): 15-17

[12] Lamberton D M. The economics of information and organization. Annual Review Information Science and Technology, 1984, (19): 3-30

[13] Zurkouski P G. The information service environment relationship and priorities. National Commission on Libraries and Information Science, 1974, (6): 89-92

[14] American Library Association. Presidential Committee on Information Literacy. 1989

[15] American Library Association. A Progress Report on Information Literacy: An Update on the American Library Association Presidential Committee on Information Literacy: Final Report, 1998

[16] 彭志忠. 基于信息技术的制造业价值链增值过程研究. 济南: 山东大学出版社, 2004: 32-37

[17] 石娟, 齐二石. 数据挖掘技术在证券业营销策略分析系统中的应用. 北京理工大学学报, 2008, 10(5): 59-62

[18] 陈勇, 蔡淑琴. 管理信息系统的发展动因及趋势研究. 商业研究, 2005, (14): 4-6

[19]　郑大庆, 黄丽华. 信息系统能力与企业竞争优势. 软科学, 2006, (5)

[20]　穆绪涛, 许广奎, 穆建华. 企业信息化的新趋势——协同商务. 情报科学, 2006, (3): 368-372

[21]　Bharadwaj A S. A resource-based perspective on information technology capability and firm performance: an empirical investigation. MIS Quarterly, 2000, (1): 169-197

[22]　张海涛. 企业信息能力的培育与评价研究. 吉林: 吉林大学博士学位论文, 2006

[23]　孙强. 信息系统绩效评价的综合机制. 武汉理工大学学报(信息与管理工程版), 2004, (2): 22-24

[24]　罗伯特·卡普兰. 使用平衡计分卡作为战略管理系统. 哈佛商业评论, 2003, (6): 15-17

[25]　日本信息化评价基准与自我评价指南进入中国. 国家信息化评测中心课题. 2004: 10

[26]　李明. 中国信息化综合指标体系研究. 国家信息化测评中心课题, 2004: 10

[27]　徐维祥. 信息系统大型工程项目评价理论与方法的研究. 北京: 北方交通大学系统工程所博士论文, 1999

[28]　董西梅. 论如何应用信息技术提升企业核心竞争力. 科技情报开发与经济, 2006, (6): 77-78

[29]　Powell T C, Dent-Micallef A. Information technology as competitive advantage: the role of human, business and technology resources. Strategic Management Journal, 1997, (5): 375-405

[30]　张嵩, 黄立平. 战略信息技术能力的内涵剖析. 情报杂志, 2003, (4): 33-35

[31]　张嵩, 黄立平. 信息技术如何创造持续竞争优势: 一种基于资源的观点. 管理工程学报, 2003, (3): 108-110

[32]　董超, 黄丽华, 项保华. 基于企业资源的视角: IT 与持续竞争优势. 科学学与科学技术管理, 2001, (11): 36-39

[33]　何晓聪. 论战略信息系统与持续竞争优势. 现代情报, 2004, (10): 168-170

[34]　Peppard J, Ward J. Beyond the strategic information systems: towards an IS capability. Journal of Strategic Information Systems, 2004, (13): 167-194

[35]　陈颖仪. 后网络时代信息系统的持续竞争能力. 图书与情报, 2006, (1): 88-90

[36]　Dehning S. Determinants of a sustainable competitive advantage due to an IT-enabled

strategy. Journal of Strategic Information Systems, 2003, 12 (1): 7-28

[37] Barney J B. Firm resources and sustained competitive advantage. Journal of Management, 1991, 17 (1): 99-120

[38] Grant R M. The resource-based theory of competitive advantage: implications for strategy formulation. California Management Review, 1991, 33 (3): 114-135

[39] Luo Y. Dynamic capabilities in international expansion. Journal of World Business, 2000, 35 (4): 355-378

[40] Mata F J, FuerstW L, Barney J B. Information technology and sustained competitive advantage: a resource-based analysis. MIS Quarterly, 1995, (12): 487-505

[41] Melville N, Kraemer K, Gurbaxani V. Information technology and organizational performance: an integrative model of IT business value. MIS Quarterly, 2004, 28 (2): 283-322

[42] Teece D J. Technological change and the nature of the firm//Dosig, Freemanc, Nelsonr, et al. Technological Change and Economic Theory. NewYork: Pinter Publishers, 1988: 256-281

[43] Teece D J. Dynamic capabilities and strategic management. Strategic Management Journal, 1997, 18 (7): 509-533

[44] Wade M, Hulland J. The resource-based view and information systems research: review, extension, and suggestions for future research. MIS Quarterly, 2004, 28 (1): 107-142

[45] 徐作宁. 信息系统核心能力构建过程研究. 中国管理信息化, 2008, (4): 89-92

[46] 汪莹. 企业信息化的效应理论与评价方法研究. 北京: 中国经济出版社, 2006

[47] 郝晓玲, 孙强. 信息化绩效评价. 北京: 清华大学出版社, 2005

[48] 程虹. 跨企业协同信息管理竞争力. 北京: 中国社会科学出版社, 2006

[49] Amit R P, Schoemake R. Strategic assets and organizational rent. Strategic Management Journal, 1993, 14 (1): 33-46

[50] Allee V. The Knowledge Evolution: Expanding Organizational Intelligence. British: Butterworth-Heinemann, 1998

[51] Andrews K R. The Concept of Corporate Strategy. Burr Ridge, IL: Dow Jones-Irwin, 1971

[52] Ansoff H I. Corporate Strategy. New York: Mc Crow-Hill Book Company, 1965

[53]　Jane P J, Lubatkin M. Relative absorptive capacity and inter-organizational learning. Strategy Management Journal, 1998, (19): 461-477

[54]　Hamel G. Competition for competence and inter-partner learning within international strategic alliances. Strategic Management Journal, 1991, (12): 83-103

[55]　Hays R, Pisano G, Upton DM. Strategic Operations: Competing through Capabilities. New YorK: The Free Press. 1996

[56]　Heene A, Sancliez R. Competence based Strategic Management. Chichester: JohnWiley, 1997: 127-150

[57]　Henderson R, Cockburn I. Measuring competence? Exploring firm effects in pharmaceutical research. Strategic Management Journal, 1994, (15): 63-84

[58]　Herderson R M, Dark K B. Architectural innovation: the reconfigration of existing product technologies and the failure of established firms. Adiministrative Science Quarterly, 1990, 35(1): 9-30

[59]　Itami H, Roelil T W. Mobolizing Invisible Assets. Cambridge, MA: Harvard University Press, 1987

[60]　Jane P J, Lubatkin M. Relative absorptive capacity and interorganizational learning. Strategic Management Journal, 1998, (19): 461-477

[61]　Javidan M. Core competence: what does it mean in practice? Long Range Planning, 1998, 31(1): 60-71

[62]　Teece D J, Pisano G, Shuen A. Dynamic capabilities and strategic management. Strategic Management Journal, 1997, (18): 509-533

[63]　Eisenhardt K M, Jeffrey A. Martin dynamic capabilities: what are they? Strategic Management Journal Strat, 2000, (21): 1105-1121

[64]　Zott F C. Dynamic capabilities and the emergence of intra industry differential firm performance: insights from a simulation study. Strategic Management Journal Strat. Mgmt, 2003, (24): 97-125

[65]　Subba Narasimha P N. Strategy in turbulent environment: the role of dynamic competence. Managerial and Decision Economics Manage, 2001, (22): 201-202

[66]　黄江圳, 谭力文. 从能力到动态能力: 企业战略观的转变. 经济管理, 2002,(22): 32-36

[67]　张志坚. 动态能力管理与竞争互动之研究. 中国台湾: 义守大学管理科学研究

所, 2001

[68] Tricker R I, Boland R. Management Information and Control System. New York: John wiley & Sons Ltd, 1982

[69] Buckland M. Information as thing. Journal of American Society of Information Science, 1991, 42(5): 351-360

[70] Tague-Stucliffe J. Measuring Information: An Information Service Perspective. San Diego: Academic Press lnc, 1995

[71] Stone M B. Information: a plea for clarity of meaning. International Forum on Information and Documentation, 1995, 3: 3-8

[72] 邹志仁. 信息学概论. 南京: 南京大学出版社, 1996

[73] 黄梯云. 管理信息系统. 北京: 高等教育出版社, 2000

[74] 钟义信. 信息科学原理(第三版). 北京: 北京邮电大学出版社, 2002

[75] 薛华成. 管理信息系统. 北京: 清华大学出版社, 2003

[76] 谢阳群. 微观信息管理. 合肥: 安徽大学出版社, 2004

[77] Lytle R H. Information resource management//Williams M E. Annual Review of Information Science and Technology. Knowledge Industry Publications Inc,1986

[78] Swith A N, Donald B M. Information Resource Management. Cincinnati: South western Publishing Co, 1987

[79] Burke C F, Horton F W. Jr. Infomap: A Complete Guide to Discovering Corporate Information Resources. Prentice Hall, 1988

[80] Martin W J. The Information Society. London: Aslib Information Houses, 1988

[81] Cronin B, Davenport E. Elements of Information. Matuchen(New Jersey): The Scarecrow Press Inc, 1991

[82] Goedegebuure B G, Stroetmann K A. Information Management for Information Services-economic Challenge for the 90s. Berlin: Deautsches Bibliotheksinstitul, 1992

[83] 符福垣. 信息管理学. 北京: 国防工业出版社, 1995

[84] 党跃武. 信息管理导论. 成都: 四川大学出版社, 1995

[85] 中国工程院工程管理学部"管理科学的饿历史沿革、现状与发展趋势"课题组. 信息管理发展趋势研究. 中南工业大学学报(社会科学版), 2001, (3): 238-241

[86] 霍国庆. 企业战略信息管理. 北京: 科学出版社, 2001

[87] 霍国庆. 企业战略信息管理的理论模型. 南开管理评论, 2002, (1): 55-59

[88] 王伟军, 黄杰, 李必强. 信息管理集成的研究和应用探讨. 情报学报, 2003, (5): 526-531

[89] 刘平. 企业信息资源管理模式研究. 武汉理工大学学报(信息与管理工程版), 2004, (5): 93-96

[90] 周晓燕, 孙青. 国内外信息管理研究的流派与研究框架. 大学图书馆学报, 2004, (6): 14-18

[91] 胡昌平, 向菲. 论面向流程的企业信息资源集成. 情报科学, 2005, (2): 161-165

[92] Grant R M. Toward a knowledge-based theory of the firm, Strategic Management Journal, 1996, (17): 109-122

[93] Sveiby K E. The New Organizational Wealth—Managing and Measuring Knowledge Based Assets. San Francisco: Berett Koehler Publishers Inc, 1997

[94] Nonaka I. The knowledge creating company. Harvard Business Review, 1999, (9): 97

[95] 周天触, 蔡耿谦. 知识管理理论与策略研究. 中国软科学, 2000, (9): 88-92

[96] 喻金田. 企业的知识构成、测评及管理探讨. 研究与发展管理, 2002, (6): 59-62

[97] Sierhuis M, Clacey W. Modeling and simulation for mission operation work system design. Journal of Management Information Systems, 2003, (4): 85-128

[98] Giaglis G, Paul K. Integration business and network simulation models for IT investment evaluation. Logistic Information Management, 1999, (12): 108-117

[99] Madinick S. Integration technology: the reinvention of the linkage between information systems and computer science. Decision Support Systems, 1995, (2): 373-380

[100] 王宇红. 信息能力与解决问题. 情报科学, 2003, (3): 39 - 241

[101] 张钟饮. 戎文慧. 信息能力与人力培养. 医学图书馆通讯, 1997, (2): 56-57

[102] 宛福成. 信息能力论. 长白学刊, 1998, (2): 32-34

[103] 严丽. 信息素质分析. 情报资料工作, 2003, (2): 11-14

[104] 陈少卿, 张金明, 周彦, 等. C 4ISR 系统信息优势与制信息权评估方法研究. 系统仿真学报, 2004, (5): 1060-1063

[105] Shi J. Resarch on the information capacity of three-dimension evaluation model of the enterprises' information. Information Science and Management Engineering, 2010

[106] 曾珍香. 可持续发展系统分析与评价理论及方法研究. 天津: 天津大学博士学位论文, 1999

[107] 殷淑严. 可持续发展系统的持续性与协调性理论与方法及其应用研究. 天津: 天津大学博士学位论文, 2001

[108] 余彩霞, 焦玉英. 企业信息能力评价探析. 情报科学, 2005, (8): 1237-1241

[109] 胡永宏, 贺思辉. 综合评价方法. 北京: 科学出版社, 2000: 21-25

[110] 戴西超, 张庆春. 综合评价中权重系数确定方法的比较研究. 煤炭经济研究, 2003, (11): 37

[111] 王明涛. 多指标综合评价中权系数确定的一种综合分析方法. 系统工程, 1999, 17(2): 56-61

[112] 陶菊春, 吴建民. 综合加权评分法的综合权重确定新探. 系统工程理论与实践, 2001, (8): 43-48

[113] 石娟, 齐二石. 教师教学工作评价指标的主要成分分析. 统计与决策, 2008, 6(11): 158-159

[114] 石娟, 魏克新. 高校教学质量发展性评价的研究与实践. 统计与决策, 2009, 3(3): 60-61

[115] 李亚力, 刘嘉, 李虹霖, 等. 天津市工业主要行业发展的比较研究. 管理科学学报, 2000, 3(3): 82-88

[116] 向小东. 模糊 AHP 法及其在人才评价中的应用. 四川工业学院学报, 2002, 21(1): 74-76

[117] 何德权, 张明善, 郭耀煌. Fuzzy AHP法在企业购并中的应用. 重庆工业管理学院学报, 1999, 13(1): 49-56, 60

[118] 霍艳芳. 制造企业实施CIMS工程能力评测与管理改进策略研究. 天津: 天津大学博士学位论文, 2002

效能水平评价指标分级评价准则

U_1　信息采集能力

U_{11}　信息种类

9 数据采集过程中掌握大量的信息类型，系统能够及时对不同类型的信息进行判断、分类记录

7 数据采集过程中基本能够得到所需的信息类型，并能够分类记录

5 掌握的信息类型不够充足，能够分类记录

3 能够获得信息类型，分类记录

1 不能及时获得信息类型，不能记录

U_{12}　信息密度

9 数据采集过程中获取的信息量非常充足，全面、全部记录

7 数据采集过程中获取的信息量基本充足，并能够记录

5 获取的信息量不够充足，能够记录

3 能够获得信息量较少，能够记录

1 不能及时获得信息量，不能记录

U₁₃ 信息精度

9 数据采集过程中获取的信息非常准确到位，全部记录

7 数据采集过程中获取的信息基本准确，并能够记录

5 获取的信息多数准确，能够记录

3 获得的信息少数准确，能够记录

1 获得的信息不准确，不能记录

U₁₄ 信息质量

9 数据采集过程中获取的信息可以全部利用，并能够记录

7 数据采集过程中获取的信息基本可用，并能够记录

5 获取的信息多数有用，能够记录

3 获得信息少数有用，能够记录

1 获得的信息全部没用，不能记录

U₁₅ 信息获取时间

9 获取信息非常及时，没有延时

7 获取信息基本及时，延时在可接受范围内，基本没有延时

5 获取信息较及时，延时时间较短

3 获取信息较及时，延时时间较长，影响小

1 不能及时获得信息

U₂ 信息处理能力

U₂₁ 信息综合比

9 处理后的综合信息量比原始信息量更大，更充足

7 处理后的综合信息量比原始信息量稍大，较充足

5 处理后的综合信息量比原始信息量基本相同

3 处理后的综合信息量比原始信息量略少，不够充足

1 处理后的综合信息量不充足

U$_{22}$　信息处理密度

9 数据处理过程中处理的信息非常充足，全面、全部记录

7 数据处理过程中处理的信息基本充足，并能够记录

5 处理的信息不够充足，能够记录

3 处理的信息较少，能够记录

1 不能处理信息，不能记录

U$_{23}$　信息存储量

9 处理过程中的信息量全部储存

7 处理过程中的信息量大量储存，并能够记录

5 处理过程中的信息量多数储存，能够记录

3 处理过程中的信息量少量储存，能够记录

1 处理过程中的信息量不能储存，不能记录

U$_{24}$　信息处理质量

9 数据处理过程中处理的信息可以全部利用，并能够记录

7 数据处理过程中处理的信息基本可用，并能够记录

5 处理的信息多数有用，能够记录

3 处理的信息少数有用，能够记录

1 处理的信息全部没用，不能记录

U₃　信息输出能力

U₃₁　信息输出信道宽度

9　信息输出中通信网络畅通，满足输出需要

7　信息输出中通信网络基本畅通，基本满足输出需要

5　信息输出中通信网络基本畅通，满足大部分输出需要

3　信息输出中通信网络不是很畅通，不能满足需要

1　信息输出中通信网络不畅通，不能满足需要

U₃₂　信息输出容量

9　处理过程中的信息全部输出到指定位置

7　处理过程中的信息大量输出到指定位置

5　处理过程中的信息多数输出到指定位置

3　处理过程中的信息少量输出到指定位置

1　处理过程中的信息不能输出到指定位置

U₃₃　信息输出速率

9　信息输出到指定位置迅速、及时，返回的信息迅速、及时

7　信息输出到指定位置较迅速、较及时，返回的信息较迅速、较及时

5　信息输出到指定位置基本迅速、及时，返回的信息基本迅速、及时

3　信息输出到指定位置不够迅速、及时，返回的信息不够迅速、及时

1　不能及时迅速的将信息输出到指定位置，并返回信息